Ute Elisabeth Mordhorst / Herbert Jung

Damit der Funke überspringt

Ute Elisabeth Mordhorst / Herbert Jung

Damit der Funke überspringt

Impulse und Kurzmeditationen

Zu den Evangelien aller Sonn- und Feiertage

HERDER

FREIBURG · BASEL · WIEN

Die Autorin und der Autor:

Ute Elisabeth Mordhorst, geboren 1957, ist gelernte Wirtschaftsdolmetscherin, Texterin und Werbeberaterin. Nach 20 Jahren in der Werbebranche gab sie das »Texten« zugunsten des Schreibens und Dichtens auf. Seit 2001 veröffentlicht sie in den Bereichen Spiritualität und Kinderbuch. Heute lebt und arbeitet sie als Malerin und freie Autorin in Hamburg.

Herbert Jung, geb. 1947, Studium der Philosophie und Theologie, 1974 Priesterweihe, Jugendseelsorger, Pfarrer, Klinikseelsorger, Supervisor (DGSv), Bibliodramaleiter. Seit 1997 Pfarrer in St. Nikolaus, Bad Vilbel. Mehrere Veröffentlichungen im Verlag Herder.

MIX
Papier aus verantwortungsvollen Quellen
FSC® C083411
www.fsc.org

www.herder.de

Umschlaggestaltung: Verlag Herder GmbH, Freiburg im Breisgau
Satz: Barbara Herrmann, Freiburg im Breisgau
Herstellung: CPI books GmbH, Leck

Printed in Germany
ISBN Print 978-3-451-37818-8
ISBN E-Book (PDF) 978-3-451-84881-0

Inhalt

Vorwort

Schon x-mal das Museum besucht, und ich weiß genau, in welchem Raum welche Bilder hängen – manche kenne ich gut, sehr gut sogar und doch entdecke ich bei jedem Besuch Neues.

Warum ich es übersehen habe, dass der Frau, links unten dargestellt, eine Augenbraue fehlt? – Ist das von Geburt an oder vom Künstler absichtlich so gewollt? Oder ob dem Maler die Farbe ausgegangen ist, oder ob er so in Eile war, dass der Käufer schon das Bild in Händen hält, bevor letzte Feinheiten fertig waren? – Ich weiß es nicht.

Wenn Sie die Bücher des Neuen Testaments aufschlagen, werden Sie Ähnliches erleben wie beim Gang durchs Museum. Auch da gibt es Stellen bzw. Texte, die seit Kindesbeinen vertraut: die Geburt Jesu im Stall – aber war da überhaupt ein Stall, und die Herbergssuche – wurden Maria und Josef wirklich so schroff vor die Tür gesetzt, wie bei vielen Krippenspielen aufgeführt?

Und wenn Sie weiterlesen – mit Muße und Neugier – werden Sie auch »Dinge« finden, die Sie zuvor überlesen oder deren Nebensatz Ihnen noch nie aufgefallen ist, dass z. B. die Zahl der Könige nicht genannt wird, die Könige dort Sterndeuter heißen (Mt 2,1), aber heute, da blieb Ihr Auge stehen, und Sie haben nochmals gelesen und neu gedacht.

Uns Autoren erging es auch so, und deshalb haben wir Neues geschrieben – nicht alles, aber vieles – zu den Bibeltexten der Liturgischen Jahre. Manches wiederholt sich aber, weil Weihnachten und Ostern und alle anderen Feiern auch wiederkommen.

So wünschen wir Ihnen, dass Sie Altes und Neues hervorholen aus den Vorräten der Schrift (Mt 13,52) und Freude daran finden.

Im September 2017
Herbert Jung

Vorwort

Vor sieben Jahren sind die Kurzmeditationen im Verlag Herder erschienen. Ich freue mich, dass das Buch in diesem Jahr als komplett überarbeitete Neuausgabe erscheint. Ich freue mich auch deshalb, weil es mir die Gelegenheit gibt, mit Abstand auf meine spirituellen und lyrischen Texte von damals zu schauen. Manche Texte würde ich heute nicht mehr so schreiben, ich habe sie verändert oder durch neue ersetzt. In sieben Jahren bin ich meinen spirituellen Weg weitergegangen, meine Sicht auf die Evangelien hat sich gewandelt, sie ist eine viel bewusstere weibliche Sicht geworden, die kritisch schaut auf das einseitig vermittelte männliche Gottesbild in einer einseitig verwendeten männlichen Sprache. Deutlich zum Ausdruck gebracht habe ich dies bereits durch das 2014 ebenfalls im Verlag Herder erschienene Frauenbrevier »Ich will dir neue Namen geben«.

In der überarbeiteten Version der Kurzmeditationen, in denen ein Autor und eine Autorin ihre Gedanken zu den Sonntagsevangelien äußern, wird nun in einigen Texten neben die uns so gewohnte männliche Sicht eine vielleicht ungewöhnlichere weibliche gestellt und das ist gut so und in Zukunft hoffentlich immer selbstverständlicher in kirchlichen Publikationen.

Im September 2017
Ute Elisabeth Mordhorst

I.

GEPRÄGTE ZEITEN

Kyrie

Wie die Erde
Sonne braucht –
so wir dich.
Herr, erbarme dich!

Wie der Fisch
das Wasser braucht –
so wir dich.
Herr, erbarme dich!

Wie die Menschen
Atem brauchen –
so wir dich.
Herr, erbarme dich!
Herbert Jung

Weihnachtsfestkreis

Warten auf so vieles ...

Sind Menschen nur –
warten auf so vieles ...

dass Berge brechen
– Birken blühen

dass Felder fruchten
– Finger finden

dass Hirten hüten
– Hunger heilt

dass Schweigen schwindet
– Stürme sterben

dass Wolken wandern
– Wüsten weichen

Sind Menschen nur
und warten auf so vieles ...

wird alles werden

Morgen!

Heute – wenigstens dein Wort!
Herbert Jung

Adventszeit

1. Adventssonntag A

Mt 24,29–44
Sie werden den Menschensohn mit großer Macht und Herrlichkeit auf den Wolken des Himmels kommen sehen.
Seid wachsam und haltet euch bereit!

Wie weit noch?

Wie weit noch?
Wirst du auch da sein,
und – freust du dich?
Ist dies der Weg
oder irre ich mich?

Wie weit noch?
Hinter der Grenze,
an jenem Ort
hebst du die Schranke,
hab' ich dein Wort?

Wie weit noch?
Wenn es soweit ist,
kann ich bestehen,
wie wird es gehen,
weiter
mit uns?

Wie weit noch,
wann komme ich an?
Wenn es soweit ist:
Was dann?

Was wird geschehen?
Wir werden sehen ...

Wir werden sehen.

Ute Elisabeth Mordhorst

Fragen

Ganz sicher
werd ich
Ihn fragen
am Tag
da Er kommt
zu richten
was gut war
und böse

Sodann
will ich's wissen
was bisher
voll Rätsel
und Zweifel gesät
– ganz viele –
in sein Erbarmen

Warum
ist sie elend gestorben
die Mutter –
drei Kinder
sie uns und dir
gern geboren

Warum
ist es blind
auf die Welt gekommen
das hilflose Kind –
noch nie
jemand
ein Leid angetan

Warum
muss der Arme
bettelnd
die Straße aufsuchen –
Auswege aus seiner Not
schon immer
von Reichen verbaut

Warum

Und ich hoffe
diesmal
gibt es
die Antwort
nicht wie damals
als sie dem Sohn
gar gänzlich
verweigert

Mein Herz
es fände
dann Ruhe

Wenn
ich es wüsste
warum ...

Herbert Jung

Mk 13,24–37
Dann wird man den Menschensohn mit großer Macht und Herrlichkeit auf den Wolken kommen sehen.
Seid wachsam! Denn ihr wisst nicht, wann der Hausherr kommt.

Vom Himmel her

Der dort vom Himmel kommt,
geschmückt mit Wolken, Sonne, Stern,
Er sei schon heute nah.

Euch Menschen, die jetzt seiner harren,
die oft ihn auch vergessen,
der kommen will
am Tag, der plötzlich uns erscheint,
doch lange angesagt fürs Ohr,
das sorgsam hört.

Er nehme euch die Angst vor dem Gericht,
zu dem er lädt,
und schenke Mut,
der glauben lässt:
Er wird's schon richten,
was euch doch nie gelungen.

Dann ist der Zeiten Ende,
der Ewigkeit Beginn,
mit Ihm, der's anders nie gewollt:
Gott Vater, Sohn und Geist.

Herbert Jung

Lk 21,25–28.34–36
Wenn (all) das beginnt,
dann richtet euch auf …

Gerade, wenn all das beginnt

Aufrichtig
und innerlich gerade dastehen
will ich zu dir

mein ungekröntes Haupt erheben
gerade,
gerade, wenn es niemand erwartet
von mir

Ute Elisabeth Mordhorst

Mt 3,1–12
Kehrt um! Denn das Himmelreich ist nahe.

Gnade dir

»Gnade dir!«
Mit solchen Worten drohen Menschen,
doch nicht ein Gott,
der es ganz anders will:
dem »Täter« gnädig sein,
der nach ihm ruft,
auch wenn der Fuß noch falscher Fährte folgt.

So segne Er
die hier versammelt,
vom Wort der Umkehr angetan,
bereit, der Angst nicht mehr zu trau'n,
damit der Weg ins Licht gelinge,
das Aug' schon erster Dämm'rung folgt.

Er soll es tun,
der Wege von Vergebung kennt,
der den Verlor'nen sucht
selbst in der finstern Schlucht.
Der Vater, der uns hält,
der Sohn, der Menschen heilt,
der Geist, der leben hilft.

Herbert Jung

2. Adventssonntag B

2 Petr 3,8–14
Wir erwarten einen neuen Himmel und eine neue Erde.

Vergessen

War zu erwarten
dass nichts zu erwarten
dass Blicke
– zum Himmel gerichtet –
nichts sehen
willkommen
niemanden heißen

Was nur
sollt'
dieses Versprechen
dass bald schon
Er käme

Ob Er es vergessen?
Sein Kommen
auf lange Bank
ganz einfach geschoben?

Wenn nun
der Frage
– damals gestellt –
bis heute
Antwort niemals gefolgt,
kommt sie denn jetzt?

Wir warten
jetzt
in diesen Tagen

Herbert Jung

2. Adventssonntag C

Lk 3,1–6
Bereitet dem Herrn den Weg!
Alle Menschen werden das Heil sehen, das von Gott kommt.

Fürbitten

Kinder in Not
Sie warten
auf Brot
Deren Hände
Leer lass sie nicht bleiben

Viele im Streit
Sie warten
auf weniger Leid
Deren Hände
Leer lass sie nicht bleiben

Kranke mit ihrer Wunde
Sie warten
auf heilende Kunde
Deren Hände
Leer lass sie nicht bleiben

Menschen im Sterben
Sie warten
aufs himmlische Erben
Deren Hände
Leer lass sie nicht bleiben

Tote in Erde
Sie warten
auf ein neues »Werde«
Deren Hände
Leer lass sie nicht werden

Herbert Jung

Jak 5,7–10
Macht euer Herz stark,
denn die Ankunft des Herrn steht nahe bevor.
Haltet geduldig aus.

Was bringt's

Was bringt's
da man
IHN bringt
der uns
auf die Erde
gebracht

Zu Recht
wird's gefragt
in Zeiten
da Nutzen
begehrt

Und Antwort
nur Lukas
sie weiß

Mehr Leben
das bringt's

Und siehe
da hüpfte das Kind
vor Freude
in meinem Leib
Herbert Jung

3. Adventssonntag B

Joh 1,6–8.19–28
Mitten unter euch steht der, den ihr nicht kennt.

Magnifikat

Meine Seele preist die Unbegreiflichkeit Gottes,
mein Geist singt und jubelt,
denn ich weiß, Gott ist unsere Rettung.

In den Augen der Menschen war ich eine minderwertige Frau,
doch von nun an preisen sie meine Größe von Generation zu Generation,

denn Großes durfte ich an der Allmacht vollbringen.
In meinem Leib wurde Gott lebendig,
den Heiland habe ich zur Welt gebracht.

Erbarmen ergießt sich über alle Menschen,
über alle, die das sehen wollen und glauben.

In seiner Güte ist der Heiland mächtiger als alle Mächtigen.
Alle, die aus hochmütigem Herzen leben, sind für das Reich Gottes verloren.

Die scheinbar Mächtigen stürzen von ihren Thronen,
die scheinbar Wertlosen werden geheiligt und heil.

Die Hungernden werden satt,
die Armen reich beschenkt,
die Reichen aber gehen leer aus.

Gott schützt und behütet Israel,
die Allmächtige vollendet unser Menschsein,
der Unbegreifliche bringt uns die Erlösung
den Töchtern und Söhnen Saras und Abrahams.

Ute Elisabeth Mordhorst

3. Adventssonntag C

Lk 3,10–18
Was sollen wir also tun?
... Es kommt aber einer, der stärker ist als ich.

Warten worauf

Warten
warum und worauf
Ist es nicht besser
ein Spatz in der Hand
als Taube dort
auf dem Dach

Warten
warum und worauf
dass die Zeiten noch besser
die Liebe mehr noch gelingt

Warten
warum und worauf
Ist es nicht besser
zu leben im Heute
der Zukunft
doch nicht zu trauen

Warten
warum und worauf
Herbert Jung

4. Adventssonntag A

Jes 7,10–14
Seht, die Jungfrau wird ein Kind empfangen;
sie wird ihm den Namen Immanuel – Gott mit uns – geben

Neue Namen

Lautlose, sanftmütige, ferne,
verschleierte, heller funke,
in reinem über allem stehende,
gerechte zornige, liebende,
außerordentlich linde,
lebenserhaltende, lebensschenkende,
dich uns zuneigende, allmächtige ...

Die Menschwerdung Gottes, davon erzählt Weihnachten. Nicht von der Mannwerdung Gottes. Seit 2000 Jahren erzählen vor allem Männer uns, wie wir uns Gott vorzustellen haben. Und die meisten von uns stellen sich Gott männlich vor, bewusst oder unbewusst. – Ich sehne mich danach, meine eigene Sprache zu finden, mit der ich Gott beschreiben kann, so seltsam sich das dann anhören mag ...

Ute Elisabeth Mordhorst

Sehnsüchtig erwartet

Was ich von Weihnachten erwarte?
Ich erwarte mit Sehnsucht,
dass etwas Neues auf mich zukommt.
Etwas, was mich glücklich macht und was mir fehlt.
Etwas, das ich noch nicht genau benennen kann.

Licht in mein Dunkel.

Ich erwarte mit Sehnsucht,
dass das Schöne und Gute in meinem Leben
wächst und gedeiht.

Ich glaube, ich erwarte mit Sehnsucht –
dass meine Sehnsucht gestillt wird.

Ach Gott. Dass ich beschenkt werde.
Mit etwas Wunderbarem ...

Wenn ich nichts erwarte,
was erwartet mich dann?

Ute Elisabeth Mordhorst

Sehnsucht

Bei unserer Geburt haben wir wohl
von dem Kind in der Krippe
eine Sehnsucht
in die Wiege gelegt bekommen

Eine Sehnsucht
nach Heil und Frieden,
den großen Geschenken des Lebens

Jedes Jahr zu Weihnachten
gehe ich meiner Sehnsucht nach
und lande immer wieder
bei diesem Kind

Ute Elisabeth Mordhorst

Dem Kind zuhören

Langsam erschließt es mir Auge und Ohr
und ich gehe fragend darauf ein.

Das Kind
will immer wieder gefunden werden
in der schlichten Wahrheit unseres Lebens,
jenem entlegenen Ort,
wo wir unserer Armut und Bedürftigkeit begegnen.

Das Kind will immer wieder beschenkt werden
mit unserer Liebe und Fürsorglichkeit.

Das Kind will uns immer wieder wandeln.
Die Spur der Könige verliert sich
nach der Begegnung mit ihm.

Das Kind will immer wieder geschützt werden
vor dem Tyrannen, der unser Denken und Handeln beherrscht.
Das Leben, das werden will,
braucht immer wieder unsere Zu-Flucht
in den Stall Bethlehems.

Ich sehne mich danach,
dem göttlichen Kind eine Krippe zu sein.

Ute Elisabeth Mordhorst

Mt 1,18–24
Jesus wird geboren werden von Maria,
die verlobt ist mit Josef, dem Sohn Davids.

Heiliger Josef

Und wenn ich mir
zur Abwechslung
mal keinen Kopf mache,
wenn ich meinen Träumen
ins Gesicht schaue
und zur Abwechslung mal
das Unvernünftige tue,
das Abwegige,
aufbreche, ohne zu wissen
wohin der Weg führt,
schlicht und einfach
Gottes Ruf
folge,
meiner inneren Stimme,
ohne lange zu überlegen?

Womöglich würde Gottes
Wunsch und Wille
auf eine völlig unerwartete Weise
Gestalt annehmen
in meinem Leben.

Bei dir war es ja
tatsächlich so,
heiliger Josef.

Ute Elisabeth Mordhorst

Geboren

Eine Werdende bin ich
Eine schwere Geburt
Im dunklen Werden-Raum
Unter Schmerzen und Qualen
Wachse ich
In die Welt
Und aus ihr heraus
Zu meiner Vollendung
Mit mir wachsen die Fragen
Die du mich unter deinem Himmel trägst
Wo bist du?
Manchmal erfasse ich dich
Betend

Dann weiß ich dich
Dann weiß ich mich
Aus dir heraus
– Geboren

Ich hoffe, ich komme nach dir

Ute Elisabeth Mordhorst

Lk 1,26–38
Du wirst ein Kind empfangen,
einen Sohn wirst du gebären.

Gottesgebärerin

Eine Gottesgebärerin
sollen wir sein
Jede und jeder von uns
Gott zu Weihnachten
auf die Welt bringen
Gott Fleisch
Mensch werden lassen
aus dem Bauch heraus
aus dem Herzen heraus
aus dem Leben heraus
Gott gebären
Keine Kopfgeburt soll
Gott sein

Wenn das jede und jeder
von uns täte
Oh, wie viele verschiedene
Gesichter hätte dieses eine
und einzige Kind

Ute Elisabeth Mordhorst

4. Adventssonntag C

Lk 1,39–45
Wer bin ich,
dass die Mutter meines Herrn zu mir kommt?

Zwei Frauen

Fragen
trägt die eine
und
ein Kind –

Was wird?

Antwort
trägt die andere
und
ein Kind –

Es wird!

Großes
hat an mir getan
der Mächtige
und heilig
ist sein Name!

Herbert Jung

Weihnachtszeit

Heiliger Abend

A • B • C

Lk 2,7
… weil in der Herberge kein Platz für sie war.

Flucht

Still sei die Nacht
und heilig für uns
doch nicht für jene
die Dunkel genutzt
zu entfliehen
dem Terror, dem Krieg
müd' ihre Füße
suchend die Augen
wo's Lager nun sei
das Schlaf gern gewährt
und alles, was Mensch
stets so braucht …

Erinnert an jene
die damals Esel und Ochs
Tiere nur fanden –
doch sie waren gerne
ein Wirt
dem suchenden Paar

Umsonst er geboren –
der dazu noch kam
dass Unmensch nie wieder werde …
Herbert Jung

Komm und zieh ein

Ich will eine Herberge sein,
in der Platz für dich ist, Jesus.

Maria,
jedes Jahr schicken wir dich
hinaus in unsere kalte Welt,
eine Herberge zu suchen
für dich und dein Kind,
Jesus.

Jetzt will ich euch ein Haus bauen,
eine Herberge zum Bleiben.
Kommt und zieht ein bei mir.

Weihnachten erzählt die große Geschichte von der Unbehaustheit. Maria, die schwangere Frau, die heilige Familie – warum schicken wir sie immer wieder hinaus in die Kälte, als müssten wir die Geschichte endlos wiederholen? Ich sehne mich danach, dass wir eine neue Menschlichkeitsgeschichte schreiben.

Ute Elisabeth Mordhorst

herbergsmutter

eine herberge
dein herz
und ich fliehe zu dir
ich und mein kind
hirten und könige
kommen und gehen
die königin bleibt
unerkannt
eine hirtin
eine herberge
mein Herz

Ute Elisabeth Mordhorst

Herbergssuche

Gott,
ich suche eine Herberge in dir
Den Stern über mir
Und einen Engel, der spricht
Fürchte dich nicht
Nachts auf dem Feld leise
Hirten und Weise
Ich will dir, mein alles,
mein Gestern–, mein Heute–,
mein Morgenland geben
Ich suche die Krippe in dir
Und neues Leben

Ute Elisabeth Mordhorst

Lk 2,1–14
Heute ist euch der Retter geboren.

Einfach

Einfach die Nacht
– dunkel –
hier und da ein Stern
– sonst nichts

Einfach das Fest
– ein Kind –
hier und da ein Hirte
– sonst nichts

Einfach das Leben
– Alltag –
hier und da ein Fest
– sonst nichts

Will Leben denn mehr?
und was?

Herbert Jung

Stille Nacht

Stille Nacht
und heilig sie besungen
– noch ist sie nicht

Reis aus Wurzel zart
und Jesse es entsprungen
– noch ist es nicht

Auf Erden Friede
und dies aus Engelszungen
– noch ist er nicht

Und vieles auch
– noch ist es nicht

Die Noch-nicht-Zeit
ist unsere Zeit
die Wartezeit

Herbert Jung

Denn das Kind, das sie erwartet

Denn das Kind, das sie erwartet
Maria
Die Menschheit
Uns alle
Dieses Kind, das uns erwartet
Seit unserer Geburt

Es ist!
Dieses Kind

Ute Elisabeth Mordhorst

Kol 3,12–21
Die Liebe ist das Band,
das alles zusammenhält.

Fragen

War's so gewollt
wie's jeder erlebt
dass Vater und Mutter
Bruder und Schwester
einander nicht immer genehm

Dass Liebe und Hass
sich dort noch begegnen
wie damals
bei Abel und Kain

Muss wohl so sein
seit Eden
nicht mehr auf Erden
– mit Schmerzen
ein Leben beginnt

Und Sehnsucht
nach damals
uns Unruh' einpflanzt

Selbst Ihm
nichts and'res gelungen
da Er seine Eltern
in Sorge verlässt

Erlösung
weit noch entfernt
oder ist's neu
ganz neu
den Ohren noch fremd
nicht nur Gehorsam
auch Freiheit
ist jetzt
wichtiger Wert

Herbert Jung

Gottes Plan

Meine Karriereplanung.
Meine Familienplanung.
Meine Lebensplanung.
Und ...
wenn Gott nun eigene Pläne
mit mir hat?
Gibt es in meinen Plänen noch Platz
für das Unerwartete?

Ute Elisabeth Mordhorst

Josef, Maria ...

Da ist etwas im Raum
Das trennt uns
Das steht zwischen uns
Das, was du unter dem Herzen trägst
Zu dem ich nur schwer
Ja sagen kann
Das du mir anvertraut hast
Zugemutet
Mitzutragen
Da ist etwas im Raum

Ach Gott
Dass da mehr ist im Raum
Du, die größere Wahrheit
der wir uns und unser Leben anvertrauen

Ute Elisabeth Mordhorst

Mt 2,13–15
Als die Sterndeuter gegangen waren,
erschien dem Josef ein Engel …
und sie flohen nach Ägypten.

Heimat-Los

wo denn
daheim
seit Heimat
verloren

am Tag
da Mutter
vom Leib
mich geschnitten

Nabel
die Wunde
seitdem
mich begleitet

ob jemals
ich wieder
ihn finde
den Ort
Paradies er genannt

bis dahin
stets auf der Flucht
heute noch hier
morgen vermutet
dort wird es sein
und oftmals ein Nein
schon gehört

jetzt jedoch nicht
ans Ohr
dringt die Nachricht
dass offen er sei
der Garten
der uns verschlossen

Augen ihn suchen
wo wird er sein
nicht nur der Stern

Herbert Jung

Gal 4,4–7
Gott sandte seinen Sohn,
geboren von einer Frau,
damit wir die Sohnschaft erlangen.

Maria

Maria
durch ein Dornwald ging
da haben die Dornen
Rosen getragen

Da fraß der Löwe
das Kalb nun nicht mehr

Da freundet die Kuh
mit der Bärin sich an

Da wohnte der Wolf
ganz friedlich beim Lamm

Da spielte der Knabe
vorm Loch einer Natter

Traum des Propheten
Genuss für das Ohr
Enttäuschung für viele

Weils doch nicht so war
es niemals auch wird

Wer weiß

Wer weiß
Herbert Jung

Geschenk

Ist mir geschenkt
nicht nur das Leben
nein
auch die Sehnsucht
aber wonach

Kinder
sie wollen das Spiel
und dann noch
viel mehr
viel mehr

Will auch der Große
sagt Danke
wenn er
in Händen
Geschenk dieser Weih–Nacht
nun hält

Doch
schon am Morgen
kommt trotzdem sie wieder
Sehnsucht
die noch nicht gestillt

Was aber fehlt?
Herbert Jung

Wiedergeburt

Wenn du so eins bist mit mir,
Jesus,
so untrennbar verbunden,
und wenn wir alljährlich zu Weihnachten
deine Geburt feiern
und du auf die Welt kommst,
jedes Jahr wieder,
wie ein Baum, der neu erblüht, –
dann bin doch auch ich
jedes Jahr mit dir wie neu geboren,
oder?

Ute Elisabeth Mordhorst

Zweiter Sonntag nach Weihnachten A • B • C

Joh 1,1–18
Das Wort ist Fleisch geworden
und hat unter uns gewohnt.

Fragen und antworten

All meine Worte,
meine sichere Habe,
nahm ich und beugte sie
über dein Schweigen.
Komm
über die Worte zu mir.
Leg deine Fragen um mich.
Ich will dir Antworten geben.
Ute Elisabeth Mordhorst

Wortsaat

Gott
säe dein Wort in unsere Erde
dass es uns und andern
werde
Wort
für die Welt
Ute Elisabeth Mordhorst

Wo soll ich anfangen?

Wenn du mich fragst,
was mich bewegt.
Wo soll ich anfangen ...
Wenn du mich fragst,
was mich zu dir führt
heute Nacht, durch die Dunkelheit.
O Gott,
wo soll ich anfangen ...
Und – hörst du mir auch zu?
Und – wirst du mir auch antworten?
Der Anfang ist gemacht.
Ich bin zu dir gekommen.
Und was auch immer werden mag.
In dir sei's begonnen.

Ute Elisabeth Mordhorst

6. Januar – Erscheinung des Herrn

A • B • C

Mt 2,1–12
Wir haben seinen Stern aufgehen sehen
und sind gekommen, um ihm zu huldigen.

Einst

Einst kamen sie
vom Morgenland
und brachten Gold
den Weihrauch
und ’nen Myrrhestrauß

Heut’ kommen sie
von dort und bringen
nur sich selbst
weil wir das Gold
den Duft des Weihrauchs
ja schon lange haben

Nur Myrrhe noch
die bitter schmeckt
die halten sie in kalter Hand

Herbert Jung

Nach Bethlehem

Heute Abend
will ich die Schuhe binden und den Mantel überwerfen und in mich gehen
meinen Weg nach Bethlehem.
Ich werde die Tür hinter mir ins Schloss ziehen und lange wandern müssen,
bis ich die Stadt verlassen habe, die lärmende Stadt,
bis sich das freie Feld auftut vor mir.
Auf dem Feld warten die Hirten.
Sie hüten das Geheimnis dieser Heiligen Nacht,
ihnen kann ich auch meine Sehnsucht anvertrauen.
Wir versammeln uns um ein Feuer und teilen eine leise Ahnung.
Fürchte dich nicht.
Dann nehme ich von dem Schweigen der Hirten und von der Stille der Nacht
Brot und Wein.
Ein Stern leuchtet auf in unseren Augen.
Geh weiter
mit geschlossenen Lidern. Hüte den Stern.
Irgendwann in dieser Nacht werde ich angekommen sein vor dem Stall in
Bethlehem.
Dort will ich Mantel und Schuhe ablegen, an die Krippe treten
und das Neugeborene begrüßen
in mir.

Ute Elisabeth Mordhorst

Schlichtes Gedicht

Innen der Nacht
hängt ein Stern
Außen der Nacht
wohnt der Morgen
Mitten meinem Herzen
bist du geborgen

Ute Elisabeth Mordhorst

Mk 1,11
Du bist mein geliebter Sohn,
an dir habe ich Gefallen gefunden.

Geist-getränkt

Mit Wassern
gewaschen
nicht doch
mit allen

Getränkt
mehr vom Geist
gedrängt
auch von Ihm
jetzt zu verkünden:
Zeit ist angebrochen
von Gnade erfüllt
und nicht mehr
von Gesetz

Armen
wird Frohes gesagt
auch getan

Befreit werden die
die noch gefangen
vom Bösen betört

Sehend sollen
sie werden
die Augen der Blinden
Menschen erkennen
und ihn
der einer von uns
gerne geworden
damit sie zu Ende
die Tage voll Not

Herbert Jung

Bis dass ich weiß

Mein Weg
fließt antwortstumm
durch Zeit und Grün
wie eine Wasserader
zwischen dem großen
und dem kleinen Land
Es hält mich eine Hand
die über allen Wassern ist
und gibt
dass durch mich Leben fließt
und Licht
bis dass ich weiß, warum.

Ute Elisabeth Mordhorst

Taufurkunde

Wenn ich das Buch nehme,
in dem mein Name geschrieben steht,
und es gegen das Licht halte:
Erkenne ich ein Wasserzeichen darin?

Ute Elisabeth Mordhorst

Osterfestkreis

Tief im Verborgenen

Manchmal bin ich nichts als ein Rufen nach dir. O Gott!
Nichts als ein Rufen.
Dann verlierst du weiter kein Wort,
bis ich mich ausgerufen habe
und stille geworden bin. Allem entsage.
Von nichts mehr weiß.
Nur noch Eins bin mit dir.
Höre.
Wie tief du mir aus der Seele schweigst.

Ute Elisabeth Mordhorst

Fastenzeit

Aschermittwoch

A • B • C

2 Kor 5,20–6,2
Lasst euch mit Gott versöhnen!
Jetzt ist sie da –
die Zeit der Gnade.

Aschenweihe

Wie Gras verwelkt, vergeht
Sogar verbrennt
So ist es auch mit jedem Menschenleben
– Staub wird es bald werden –
Daran wird Asche uns erinnern
Zeichen für den Tod

Herbert Jung

Zugemutet

Sterben
dem schon verordnet
der gerade geboren
die Sonne
nur blinzelnd erahnt

Tage
auf dieser Welt
ihm schon gezählt –
es gibt kein
Entrinnen
nicht vor dem Tod

Jedem
jagt er
erbarmungslos nach:
holt Greise und Kinder
auch solche
die noch nicht geboren –
reißt
aus dem Leib ihrer Mütter
das werdende Leben

Tut's so
mit Menschen
mit Vieh und dem Gras –
unersättlich
sein Hunger nach allem
was lebt
was Erde jemals
zur Blüte gebracht

Ihm hat Er
den Kampf angesagt
der selber
sein Opfer geworden

Macht keinen Halt
vor Gottes Sohn
lässt lachend auch ihn
dort oben verbluten
wo die Verbrecher
sonst hängen

Hat aber nie
damit gerechnet
der Todfeind des Lebens
dass Gott
ihm das Handwerk
nun legt
denn lebend kam der
doch davon
der sterbend
das »Warum«
noch gehaucht!

Herbert Jung

Küchengebete

bei Kerzenlicht
im Finstern
am offenen Feuer
das Herz am Überkochen
die Lippen verbrannt

Worte gereicht
gepfefferte und gesalzene Fragen
bittersüße Antworten
geschluckt
verkostet
ungesättigt
brot
gebrochen

den Becher genommen
ein Schweigen geteilt

Ute Elisabeth Mordhorst

Fehler

Fehler gemacht
viele sogar
manch einer
geht mir noch nach
ruft dieses
»Hätte ich nur!«
immer wieder hervor

Kann
halt passieren
sagen die Freunde

Bin nur ein Mensch
leider kein Engel
sag' ich mir selbst

Soll zur Ruhe
mich zwingen
solch eine Deutung
beruhigt
zuweilen doch nur

Was aber hilft?

Vergebung der Schuld
bietet Er an
der Hirt seiner Herde
der Menschen die Vollmacht
gegeben
in Gottes Namen
Sünde zu tilgen
Reinheit zu schaffen
wo Schuld uns befleckt
Weste
nicht mehr ganz weiß

Kein Richter auf Erden
solches vermag

Herbert Jung

Mt 4,1–11
Jesus lebt 40 Tage in der Wüste
und wird in Versuchung geführt.

Durstig

Therapeuten, Berater, Coaches
locken mich mit ihren Angeboten:
Wir zeigen dir den Weg hinaus aus der Wüste.

Pfarrer, Theologen und Seelsorger
beruhigen mich:
Wir lassen dich in der Wüste nicht allein.

Astrologen, Mutmacher und Motivationstrainer
wissen es besser:
Vor dir liegt eine prachtvolle Zukunft.

Du, Mutter, Weise, Allmächtige, Gütige,
nimmst mich bei der Hand und sagst:
Komm, lass uns zum Brunnen gehen.

Ute Elisabeth Mordhorst

Zuviel

Einfach zuviel
der Job und das Haus
Sorgen der Kinder
und wo bleibe ich

Einfach zuviel
Anspruch der Freunde
Termine beim Arzt
Besuch bei der Oma
der Einkauf dazu
und wer sorgt für mich

Stehe am Fenster
voll Trauer und Neid
die Augen Ränder schon zeigen
schaue ihm nach
dem Vogel
der frei sich erhebt
hoch in die Lüfte
weit ab
vom Stress und der Not
dieser Welt

Schaue ihm nach
und denke daran
dass Freiheit
einst ward versprochen
den Kindern Jahwes
als sie Ägypten
so quälte

Wohne nicht dort
leider
und lang
ist's auch her

Herbert Jung

Rot sehen

Rot sei die Liebe
schon immer
so ihre Farbe gewesen
das sagen die einen
und schenken dann
Rosen in Rot
wenn's Liebe verlangt

Rot sei das Blut
das sagen die anderen
und fürchten um's Leben
wenn es mit seiner Farbe
die Kleider, die Erde betropft

Rot bedeutet Gefahr
davon sprechen
Ampel und viele Signale
die leuchten
wenn Arges uns droht

Und rot
sehen gar viele
wenn's jetzt nicht so wird
wie sie es gewollt
Zorn das Gesicht dann errötet
oder die Scham uns überfällt

Sie soll uns leuchten
in diesen Tagen
die Farbe
die vieles uns deutet
bis zu dem Tag
da Blut aus Ihm fließt
der als Rose
wohl dann in rot
einst der Erde erblüht

Herbert Jung

Mt 17,1–9 / Mk 9,2–10 / Lk 9,28b–36
... sein Gesicht leuchtete wie die Sonne,
und seine Kleider wurden blendend weiß wie das Licht.

Dahinter

Hinter die
Kulissen
würd' ich gerne
schauen

Weil's dort
noch ehrlich
ungeschminkt
auch zugeht
und niemand
eine Rolle spielt
und gar nicht spielen
muss
– der sein darf
der er wirklich ist. –

So mag ich's
auch bei dir
wenn du mir
auf dem Weg
begegnest –

Nicht in der
Rolle, die
du spielen musst
daheim, im Job
und irgendwie
und auch nicht
spielen willst an
gleicher Stelle

Er tat's auf
diesem Berge Tabor
der Menschensohn
und ließ sie schauen
hinter die Kulissen
tat kund
wer wirklich jener ist
dem sie gefolgt
sogar verehren ...

Danach
das alte Spiel
geht weiter
und Er spielt
wieder mit
weil Welt – noch unerlöst
es will

Anders nicht

Herbert Jung

gefallen. gefunden.

zutiefst gefallen ...

ins wort gefallen

zutiefst
gefallen
gefunden

Ute Elisabeth Mordhorst

Ex 20,1–12
Ich bin Jahwe, dein Gott,
der dich aus Ägypten geführt hat, aus dem Sklavenhaus.
Du sollst neben mir keine anderen Götter haben.

Kein Wert

Hat keinen Wert
kommt immer wieder
über die Lippen
besonders
wenn's nicht so gelaufen
wie ich's gern gewollt

Was aber
hat denn nun Wert
in Zeiten
da niemand mehr weiß
– angeblich –
was recht ist
was schlecht ist

Sind's die Gebote
die Mose erhalten
– zehn an der Zahl –
sind sie noch ein Wert?

Sind's noch die Rechte
der Menschen
von Ost und von West
einst unterschrieben
sind sie noch ein Wert?

Bin ich es oder gar Du
der festlegt, was wertvoll
was wertlos heut ist?
Ist jeder der Maßstab für sich?

Was hat denn nun Wert
oder gibt es ihn doch
den Werteverfall?

Herbert Jung

Joh 4,5–42
Da sagte die Samariterin zu Jesus:
Herr, gib mir dieses Wasser,
damit ich keinen Durst mehr habe.

Geistbrunnen

Jesus
Du Ruhe
Friede, Weisheitsbrunnen
Lass mich aus deiner Tiefe
Kraft schöpfen
Gieß deinen Geist aus über mich
Dir neige ich mich zu
Wasser des Lebens
Urquell der Liebe
Erquicke mich
O lass mich grünen

Ute Elisabeth Mordhorst

Joh 2,13–25
Reißt diesen Tempel nieder,
in drei Tagen werde ich ihn wieder aufbauen.

Mach das Haus meines Vaters nicht zu einer Markthalle

Wenn ich meine, ich müsse mich gut verkaufen
auf dem Arbeits- oder Heiratsmarkt, Körper und Seele zu Markte tragen,
für jeden Spaß zu haben sein, nichts für mich behalten,
»alles muss raus«, selbst das Privateste, sagt Jesus mir: Verkauf dich nicht.
Nicht unter Wert.
Nicht über Gebühr.
Lass dich nicht für dumm verkaufen.
Du hast für mich
einen unvergleichlich hohen, wahren Wert. Keinen Warenwert.
Mach das Haus meines Vaters nicht zu einer Markthalle.

Ute Elisabeth Mordhorst

Lk 13,1–9
Ein Mann hatte in seinem Weinberg einen Feigenbaum;
und als er kam und nachsah, ob er Früchte trug, fand er keine.

außergewöhnlich schöner buchenbaum

außergewöhnlich
schöner buchenbaum
du ruheschattenspender
du hundertzwanzig-ender
im friedewartegarten
wo sich die zarten
wege röten
du hoher kirchenraum

du aufgeschlag'nes buch
von zartem, grünem tuch
du festes zelt
o sei
mir zuflucht vor der welt
und gib mir einen raum
zum beten

Ute Elisabeth Mordhorst

4. Fastensonntag A

Joh 9,1–41
Heilung des Blindgeborenen

Siehst du, sagte Jesus

Er sprach zu mir
wie zu einer Blinden
und was aus seinem Munde kam
berührte mich und öffnete mir die Augen
und mir dämmerte
wie verblendet
ich gewesen war all die Zeit

Siehst du
sagte Jesus
und ich sah Jesus lächeln
und ich lächelte auch

Ute Elisabeth Mordhorst

Blindenheilung

Blindheit
nicht nur
dem Auge
leidvoll bekannt
viel öfter
befällt sie
Herz und Verstand

Kann manchmal
nicht sehen
was vor mir
gerade geschieht
weil es
so schrecklich
mit anzusehen

Weil ich nicht will
dass es so ist
wie es nun ist
schließ' ich die Augen

Hätt' gerne
die Dinge
ganz anders
nicht so
wie sie halt sind

Trag lieber
die Brille
die's Leben
mir rosarot färbt

Kann sein
dass Blindheit
mir bleibt
mich ständig
umschattet

Dann braucht es
den Mut
eines andern
der mich verführt
um Einsicht zu bitten
den Augen wieder zu trauen

Wer nur
rührt mir
mit Speichel
den heilenden Teig

Herbert Jung

2 Chr 36,14ff.
Zorn und Erbarmen des HERRN –
Verbannung und Befreiung des Volkes

Wiederum

Wiederum
Chaos
weiß wer
warum –

war doch geordnet
wie es gewesen
gestern
auf dieser Welt

Wird nun die Flut
neu überfluten
nicht nur
die Inseln
auch unser Werk

Werte
sie fallen
welken
wie Laub
wenn
Sommer dahin

Antwort
von gestern
niemanden trägt
der Fragen
heut' stellt
war es
am Anfang
DIR nicht genug
Herr, Tohuwabohu
wie der Hebräer
das Chaos benennt

Lernet
vom Acker
stets
er den Pflug
für sich
gebraucht
chaotisch
in Erde
er wühlt –

Saat
nur so
kann sie keimen
gar blühen.

Herbert Jung

Lk 15,1–3.11–32
... jetzt müssen wir uns doch freuen und ein Fest feiern;
denn dein Bruder war tot und lebt wieder;
er war verloren und ist wiedergefunden worden.

Doch nicht verloren: der Sohn

Klar
es wäre
gerechter gewesen
ein Fest
dem zu gewähren
der zu Hause geblieben
den Vater versorgt
Verantwortung
mit ihm geteilt
fürs Haus
für Gesinde und Vieh
mit ihm getrauert
um den
der verloren geglaubt

Der nun
der's Erbe
mit Dirnen verschleudert
schamlos
sich jetzt angeschlichen
der wird gefeiert
dazu noch umarmt und geküsst

Schmeckt bitter
gar keine Frage
und doch
wär's kein Vater
der seiner Kinder
sich nie mehr erbarmt

Er kann nie anders
ein Gott
der zu Menschen
wie Eltern
die ihren Säugling
an ihre Wangen liebevoll heben

Er
will's auch nicht anders
hat Lukas
wohl gerne ergänzt

Herbert Jung

Röm 8,1–11
Gott hat Jesus auferweckt,
er wird auch euren Leib lebendig machen.

Nicht atemlos

Geist
hier erfahren
der Gutes uns tut

Lass wieder
ihn kommen
Herr, über uns alle
ihn, der nicht zur Verfügung
uns steht
stets
unser Rufen
er braucht
gebeten
will er wohl sein
uns zu verführen
ins Leben hinein

Also komm wieder
dass atemlos
keiner uns werde
Amen

Herbert Jung

Grabkammer-System

Dunkle Gänge
und Vorgänge.
Mehrere Untergänge
und Übergänge.

Wenn einer sie da
rausholen kann
dann Jesus,
der die Liebe hat
und die Macht
und die Stimmgewalt
über den Tod.

Sein Ruf ist ein Auf!-Ruf,
aufzuschließen zum Leben.

Vergrab dich nicht länger,
komm heraus
aus diesem dunklen Loch!

Ute Elisabeth Mordhorst

Joh 12,20–33
Wenn das Weizenkorn nicht in die Erde fällt
und stirbt …

Schließ mich
in deine warmen Erdenhände

Schließ mich
in deine warmen Erdenhände
Tauch mich in deinen Geist
und wirf ein Licht auf mich
Ich möchte wachsen
bis ans Lebensende
Und nach dem Ende
blühen ewiglich

Ute Elisabeth Mordhorst

Weizenkorn

Stirbt kleines Korn
wenn
es fällt
in die Erde
die schützend es birgt
zunächst –
dann doch verwandelt
in Stängel, in Ähre,
in reiche Frucht

Kein Auge mehr sieht
was einmal gewesen
es staunt
was nun
daraus geworden
und glaubt
dass wirklich
viel Frucht
aus diesen Körnern
nun keimt –
sie nährt die vielen

Soll auch
den Menschen
ähnlich ergehen
sagt Er
der selbst
diesen Weg
auf Erden gegangen
und diesem Wort vollends vertraut

Die Ihm gefolgt
sie sagen sodann
es sei
auch geschehen
mit Ihm
und demnächst mit mir
mit jedem wird es so sein

Gern hört es das Ohr

Verstand
hegt immer noch Zweifel

Herbert Jung

5. Fastensonntag C

Joh 8,1–11
Eine Ehebrecherin brachten sie zu Jesus, er aber sagte:
Wer von euch ohne Sünde ist, werfe als Erster einen Stein auf sie.

So anders

Rache
von nun an
geplant

Wer lässt sich
schon sagen
als Mann:

Er habe Frauen
zur Dirne
gemacht
dem Trieb
sei er
schamlos
erlegen

Das hat
noch gefehlt
dass der da
mit Namen
wie hieß er
noch gleich
behauptet
uns
treffe die Schuld
und nicht sie

Wer weiß
mit wem
und wie
er es getrieben

Mit niemandem

wer's glaubt

die Dirne

auf jeden Fall

Herbert Jung

Hinaus

Hinaus
durch die Tore
der Stadt
fort mit der Frau
die Männer verführt
ihr Lager
mit ihnen teilt
den Ehebruch fördert
wie Dünger die Saat

Schlagworte
ruft ihr entgegen
Steine
werft hinterher
den Tod –
hat sie verdient

Komm
du Verführte
tritt ihnen
unter die Augen
und schau
sie dir an
die dich gebraucht
missbraucht
für ihre Doppelmoral

Waren's doch Männer
die sie gesucht
und besucht
betatscht und
misshandelt
für ihre Gier

Sie trifft die Schuld
nicht jene Dirne
so weiß es Jesus
schwierig
Schuld einzusehen
zur Tat auch zu stehen
bei Adam und Eva
fing es schon an –

Wann hört es auf

Herbert Jung

Mt 21,1–11 / Mk 11,1–10 / Joh 12,12–16
Da nahmen sie Palmzweige,
zogen hinaus, um ihn zu empfangen, und riefen: Hosanna!
Gesegnet sei er, der kommt im Namen des Herrn, der König Israels!

Ave

Ave
dem Caesar
riefen die Römer

Heil
unser'm Führer
schrien die Deutschen

Hosanna
dem Sohn
riefen die Juden

Ging
jedes Mal schief
kam anders
als sie gedacht
mal für das Volk
und diesmal
für ihn

Führer
sind oftmals
Ver-Führer
wollen das Ihre
nicht das
der Menschen

War anders
bei Ihm
den sie gefeiert deshalb
und doch noch erhängt
den sie zum König gekürt deshalb
und doch noch mit Dornen gekrönt

Bleibt das »Warum«
das Er fragend
geschrien
in jene Nacht
auch sie
zugemutet dazu

Nicht nur
aufs Volk
gar kein Verlass

Herbert Jung

Jesus Christ Superstar

Ein Superstar
will er nicht sein
angehimmelt
bewundert
von Weitem
aus der Ferne

So wie ich ihn verstehe
möchte er ernst genommen werden
Uns so nahe wie möglich sein

Nach meiner Erfahrung
und für mein Gefühl
verstehen wir immer so sehr
wie wir lieben
lieben wir immer so sehr
wie wir verstehen

Ute Elisabeth Mordhorst

Nach Jerusalem hinauf

Wir gehen jetzt.
Ein Spaziergang wird das nicht.
Wir gehen jetzt
gemeinsam.
Mit Gottes Hilfe.
Hinauf.
Nach Jerusalem.
Daran führt kein Weg vorbei.
Nach Jerusalem führt der Weg
– hinauf.

Ute Elisabeth Mordhorst

Heilrufe

Heil
unser'm Kaiser
schrien die Römer –

War er denn krank

Heil unser'm König/Heil uns'rer Königin
schrien die Fürsten –

War er/sie denn krank

Heil
unser'm Führer
schrien die Nazis –

War er denn krank

Heil
Davids Sohn
schrien die Juden –

War er denn krank

Nein
aber jene
die es geschrien

Und jetzt?

Herbert Jung

Joh 13,1–15
Da er die Seinen, die in der Welt waren, liebte, erwies er ihnen seine Liebe bis zur Vollendung.

Am Ende

Mahl
nun beendet

Gang
in die Nacht
steht noch bevor

Ein Kuss
als Verrat

Ein Kreuz
auf dem Berg

Ein Schweigen
Jahwes

Herbert Jung

Danach

Hinaus in die Nacht
Verrat folgt an Ihm
gedeckt vom Dunkel
denn stets
schützt es den Täter

Am Himmel kein Stern
stattdessen
Silberlinge – die glänzen
30 an der Zahl

Krähen auf den Zweigen
erwartungsvoll
sein Blut zu lecken

Schweiß
quillt aus den Poren
die sonst nur
den Duft von Erbarmen
verströmen

Wind
übt schon
die ersten Töne
des Liedes vom Tod

Herbert Jung

Gang in die Nacht

Nacht
nun geworden
leise
voller Sterne
für sie

Nacht
nun geworden
dunkel
voller Fragen
für ihn

Herbert Jung

Pharisäische Fragen

Als Beispiel, den Herren die Köpfe zu waschen

Du?
Du Frau, du SÜNDERIN,
Du willst ihm die Füße waschen?
Du, von der ich genau weiß, wer du bist.
Du, für die ich einen Namen parat habe.
Die du niedriger stehst als Er und als ich.
Du Sünderin, du wagst es, ihm die Füße zu waschen
und zu salben mit teurem Öl?
Du?
Du HERR?
Du willst ihr die Füße waschen?
Du, von dem ich genau weiß, wer du bist.
Du, für den ich einen Namen parat habe.
HERR, einer von uns,
der du aber höher stehst als alle anderen,
du HERR, du willst ihr die Füße waschen
damit sie Anteil hat an dir?
Unbegreiflich ...

Ute Elisabeth Mordhorst

Karfreitag
A • B • C

Joh 18,1 – 19,42
Das Leiden unseres Herrn Jesus Christus

Ein Kreuz mit dem Kreuz

Wohin
mit dem Kreuz

Hängt hier
hängt dort
stört mehr
als vermutet
trennt Menschen
in dafür und dagegen

Balken –
gebunden als Kreuz
im Weg
sie uns liegen

Muss das
so sein

fragte
schon Petrus
als er gehört
Menschensohn
muss
an das Kreuz
werde gehängt
und dann noch
durchbohrt
fürs Leben
der Welt

Muss das
so sein

fragt sich
der Mensch
wenn er
es heut' trägt
Kreuz
das ihm
auferlegt –
Krankheit
genannt
Schuld oder
Frage
Trauer geheißen
und Tod

Muss
jeder durch

sagte Er doch
um dann
aufzustehen
sagte Er auch

Ist einfach
ein Kreuz
mit dem Kreuz

Herbert Jung

Gefesselt

Gefesselt
der fesselnd
einst war
– vom Strick seiner Häscher
nicht mehr –
vom Tod nun gebunden
für immer
weil Tod es so will
er einzig allein
der niemals vergeht

Es sei denn
man glaubt
noch an jenen
der selbst aus Stein
dem Abraham Kinder
erweckt

Herbert Jung

Karfreitag

Du langer Weg
Du Brückensteg
Ins Licht
Du Schiff unter dem Sonnensegel
Aus deinem Himmel
Beflügelt uns das übermorgenrote
Meer

Ute Elisabeth Mordhorst

Osterzeit

Osternacht

A • B • C

Exultet:
O wahrhaft selige Nacht,
die Himmel und Erde versöhnt,
die Gott und Menschen verbindet!

Aufgang

Ganz sicher
dass Sonne
des morgens
erneut sich erhebt
aufgeht
als glühender Ball

Nicht sicher
ob Er sich erhebt
– hier unter uns –
der's wohl versprochen
am dritten Tag

Noch ist ja Nacht
zum Warten
sie uns verführt

Herbert Jung

Entfesselt

Wer denkt
beim Fesseln
ans Entfesseln

Wer denkt
beim Tod
ans Leben

Wohl niemand
außer dem Einen
und der liegt
gefesselt
in seinem Grab

Drei Tage
sagt uns
die Schrift
– nicht länger –
heut' ist der dritte

Und nun?
Herbert Jung

Blick in den Frühlingsgarten

O Wunderblühen
O farbenvolles Auferstehen
im Edenfenster
von schillerndem Kristall
Du weckst mich auf
Lebendige
Und führst mich durch dein grünes
Tal

Ute Elisabeth Mordhorst

Wo zu finden

Tote
besucht man
an ihren Gräbern

Wo sonst
sind sie
zu finden

Außer
bei jenem
der tot doch
geglaubt
nun im Grab
nicht zu finden

Geht nach Galiläa
ihnen voraus

Herbert Jung

Lumen Christi

Für einen Moment färbte sich
das hohe Seitenfenster flammend rot,
noch war das Feuer nicht bei uns.
Noch saßen wir dicht gedrängt
im nachtschwarzen Raum
und hofften auf die Tür hinaus,
durch die das Licht kommen sollte,
und hörten auf das Gebet,
das eine im Brunnenhof für uns sprach
und das nur stockend an unser Ohr kam.

Wie sollten wir auch das Wort vernehmen,
wo das Wort hingerichtet worden war
den Tag zuvor in Golgatha.

Und in der Rotunde kreiste die Taube.
Und das Wasser war Feuer und Flamme
und aus dem Feuer flackerte das Wort,
während wir mit ihm Begrabene
im nachtschwarzen Raum saßen
und auf die Tür hinaus hofften,
durch die das Licht kommen sollte,
das gelöscht worden war,
den Tag zuvor in Golgatha.

Lumen Christi.
Wie eine Kerze hielt ich mich gerade.
Eine ganze Nacht hindurch trug ich dich.
Eine ganze Nacht.
Und du wachtest über mein flackerndes Licht.

Ute Elisabeth Mordhorst

Joh 20,1–18
Maria von Magdala verkündete:
Ich habe den Herrn gesehen.
Lk 24,1–12
Was sucht ihr den Lebenden bei den Toten?
Lk 24,13–35
Sie erkannten ihn, als er das Brot brach.

Noch nicht

Noch
hat der Engel
keinen Befehl
kein Halleluja geübt

Röte im Osten
trägt weiter die Blässe
nächtlicher Sichel

Und
kein Erinnern
ans Morgen
das voraus
schon gesagt

nur
an das Gestern
da blutend
dort einer hing

weil das Gesetz
es befahl
Herbert Jung

Und wir wissen nicht, wohin

Man hat mir das Liebste auf Erden weggenommen,
und ich weiß nicht, wohin sie dich getragen haben.
Und ich weiß nicht, wohin ...
wohin mit meinem Schmerz, wohin mit meinem Kummer.
Man hat mir das Liebste auf Erden weggenommen,
und ich weiß nicht, woher noch die Kraft nehmen, weiterzuleben.
Eine finden, die sich einfühlen kann in die Dunkelheit und Leere in mir.
Einen finden, der mir einsehen hilft: Unser Leben endet nicht am Grab.
Es führt viel weiter und darüber hinaus.
Einen Sinn finden. Trost finden ...
Du wirst. Finden, wieder finden.
Du wirst. Sehen, wieder sehen.
Du wirst.
Glaub' mir.

Ute Elisabeth Mordhorst

Weibliche Erkenntnismacht

früher als die anderen
waren sie dort
wo das Geheimnis
von Tod und Auferstehung liegt

mehr als die anderen
vertrauten sie ihrer inneren Stimme
sahen sie hinter der Leere die Fülle
hinter dem Tod das Leben

unbegreiflicherweise
bis heute
verlacht
und diffamiert von denen
die die Erkenntnismacht für sich
beanspruchen

immer noch
nicht zu begreifen

Ute Elisabeth Mordhorst

Du bist von uns gegangen

Du bist von uns gegangen,
wohin?
Auf dem Friedhof traf ich einen Gärtner,
der sagte,
er habe dich fortgehen sehen.
Weit fort seist du gegangen,
weit über alles, was wir uns vorstellen können,
und ich solle,
um dich zu finden,
bei mir suchen.
Ich sagte, ich wünschte, ich könnte ihm folgen.
Er lächelte.

Ute Elisabeth Mordhorst

Neugeburt

Ich dachte, alles ist vorbei
Ich fühlte mich wie tot
Ich hatte keine Kraft mehr
und keinen Mut
Ich war wie eine erlöschende Flamme
Ein Windstoß hätte genügt
Aber dann wurde ich angehaucht
von deinem Geist

Und es kam wieder Leben in mich

Ich fühlte mich wie neu geboren
Das war wie
eine Auferstehung vor dem Tod.

Gott, meine Mutter
Du willst, dass ich lebe

Ute Elisabeth Mordhorst

Mt 28,8–15
Die Jünger sollen nach Galiläa gehen,
dort werden sie ihn sehen.

Hin und weg weg und hin

Nur weg
war ihr Ziel
nicht mehr
ein hin

Auf und davon
ihre Botschaft
bis sie
ein Fremder
eines Besseren
belehrt
Ihn braucht es
– zuweilen –
damit uns
ein Licht
aufgeht im Dunkel
des Lebens
weit
wieder wird
uns der Atem
Fuß nicht mehr lahmt
stattdessen

Freudig uns trägt
dem Morgen entgegen
und Hoffnung blüht
wie Knospen
am Ende des Winters

Dank dieses Fremden
wer hätt' es gedacht

Herbert Jung

Steh auf, sagt Jesus. Das Leben ruft.

Wofür stehe ich auf?
Um die Arbeitswoche hinter mich zu bringen,
Richtung Wochenende?
Für mich allein oder auch für andere,
die dazu selber nicht mehr in der Lage sind?

Wann stehe ich auf?
Mit dem ersten oder letzten Hahnenschrei,
bevor es zu spät ist oder danach?
Rechtzeitig?

Wogegen stehe ich auf?
Gegen Resignation, Gleichgültigkeit, Unrecht?

Wovon stehe ich auf?
Aus Angst, Lähmung, Schockstarre?

Wünsche ich mir jemanden,
der mir aufstehen hilft,
wenn ich am Boden bin?
Wäre ich gern aufrichtiger,
ein aufrechter Mensch?

Wer aufgestanden ist,
darf sich widersetzen ...
Stehe ich auf, oder bleibe ich lieber sitzen?

Steh auf, sagt Jesus.
Du Einzelne/r.
Du Gemeinde.
Du Kirche.

Das Leben ruft.

Ja. Glaube ich nun an die Auferstehung oder nicht?
Ute Elisabeth Mordhorst

Bis der Tag sich neigt

Jesus.
Du gehst mit mir.
Auf all meinen Wegen bist du an meiner Seite. Still und unerkannt.
Was in mir vorgeht, kümmert dich.
Was mich bewegt, dir darf ich es erzählen.
Mein Ausgangspunkt bist du und mein Ziel.
Ob ich dir nah bin oder fern.
Ich bin ja immer unterwegs zu dir.
Auf allen Wegen weiß ich dich an meiner Seite.
Du lebst mit mir, du gehst mit mir, du bleibst bei mir.
Du brichst das Brot mit mir. Still und unerkannt.
Bis dass der Tag sich neigt.

Ute Elisabeth Mordhorst

Joh 20,19–31
Acht Tage darauf kam Jesus
und trat in ihre Mitte.

Sündenvergebung

Hauch
der uns heilt
Atem
der wieder belebt
Wind
wirkt Vergebung
Geist
der liebend in ihm
uns umwirbt
da er dem Sünder
die Sünde erlässt

Dem
der sich aus Angst
am anderen bereichert
der
die sich dem Fremden ergeben
dem
der die Wahrheit mit Füßen getreten
der
die den Ruf des anderen beschädigt
dem Mörder
sogar seine Tat

Wasche mich weiß

Wie Schnee
soll Seele
mir sein

Oft schon
darum gebettelt
mit Tränen dazu

Nun wird die Bitte hautnah
erfüllt
bis heute
auf diesen Tag

Herbert Jung

Thomas

Welche Wunde
soll mein Finger
heute berühren
damit er wachsen kann
der kleine Glaube

Aus Senfkorn
Strauch und Baum
mir werde
darin die Vögel nisten

In jede Wunde wohl
die mir entgegenblutet
leg ihn hinein, den Finger
weil sie Vertrauen fordert
dass Heil noch wird
Kein Weh sich weiter webt

Herbert Jung

Erfasst du mich?

Wie fühlt sich das an für dich,
wenn ich dir sage:
Ich bin ein Mensch aus Fleisch und Blut.
Kein Geist, kein Spuk, kein Klon.
Ein Mensch aus Fleisch und Blut.
Verwundbar und verwundet.
Verletzlich und verletzt
an Leib und Seele.
Genau wie du.

Wenn ich dir meine Hand reiche,
wie fühlt sich das an für dich?

Erfasst du die Gelegenheit,
erfasst du mich?

Ute Elisabeth Mordhorst

Zweifelsfrei

Fast schon
ein elftes Gebot
dass Zweifel
verboten
– wehe, du gibst
ihnen Raum –

Am Glauben
werden sie nagen
wie Ratten
zerfressen
was dein Vertrauen
mühsam gewebt

Wehre also
dem Zweifel
mahnt uns die Kirche

Vergisst dabei
Thomas den Zweifler
der's anders erlebt
dass es gestattet
vielleicht auch gefordert
davon zu reden
was zweifelsfrei
zweifelhaft scheint

Und lauthals
zu fragen
Antwort zu fordern
nicht zu erbitten

Und siehe
es wird ihm gewährt
was letztlich
zutiefst er gewollt
glauben
dass Er
kein Gespenst
der Herr
und der Meister
stattdessen

Wer sonst

Herbert Jung

3. Sonntag der Osterzeit A • B • C

1 Petr 1,17–21
Ihr wurdet losgekauft mit dem kostbaren Blut Christi,
des Lammes ohne Fehl und Makel.

Taufe von Kindern oder deren Tauferneuerung

Glaub(s)t du (ihr) an den lieben Gott, der im Himmel wohnt, und der die Erde gemacht mit all den Blumen und Tieren, mit Regen und Schnee, mit Sonne und Wind, mit all den vielen Menschen?

Glaub(s)t du (ihr) an Jesus Christus, der in der Krippe gelegen als kleines Kind, der am Kreuz gestorben ist – für uns – und aus dem Grabe auferstanden?

Glaub(s)t du (ihr) an den Heiligen Geist, den niemand sieht und keiner von uns kennt, der aber da ist wie der Wind: mal leise, mal stürmisch und der uns allen Mut macht zu leben und zu reden?

Glaub(s)t du (ihr) an die Menschen, die mal lieb zu dir (euch) sind und mal böse, die dir (euch) immer wieder Geschichten erzählen von sich, von der Welt und von der Bibel, besonders die, wie der Stein vom Grab weggewälzt war?

Herbert Jung

Tauferneuerung

Glaubt ihr an Gott
fremd euch, doch nah
kein Menschenauge ihn sah

Glaubt ihr an Jesus Christus
Gnade vor Recht gebracht
doch nicht allen es recht gemacht

Glaubt ihr an den Heiligen Geist
Sturmwind genannt
wie Feuer zur Erde gesandt

Glaubt ihr an Gottes Volk
Salz für die Welt
an seinem Wort es festhält

Lied

Zu singen nach der Melodie des Liedes »Fest soll mein Taufbund«

In seine Hand
bin ich geschrieben
getauft und Glied
an Christi Leib.

Gott und den Menschen
will ich lieben,
so lang' ich
auf der Erde bleib.

Dank sei dem Herrn,
der mich vermählt
mit ihm –
es bis zum Ende zählt.

Sein Wort
wird leiten
unser'n Weg.

Herbert Jung

3. Sonntag der Osterzeit C

Joh 21,1–19
Werft das Netz auf der rechten Seite des Bootes aus
und ihr werdet etwas fangen.

Am See von Tiberias

Sie sitzen alle in einem Boot
Sie wagen sich ganz schön weit hinaus
aber aus der Tiefe schöpfen sie nicht
Sie erkennen ihn nicht

Er offenbart sich ihnen
mehrmals
Sagt ihnen
dass sie finden
was sie suchen
wenn sie von sich absehen
auf die gegenüberliegende Seite

Ach, würden sie ihre Sichtweise wechseln
und auf die Seite schauen
die Jesus recht ist
Würden sie Netzwerke
knüpfen, durch die niemand fällt
Netzwerke, in denen sich niemand verfängt
Netzwerke, an denen alle mitwirken dürfen

Ach, würden sie nicht diese leeren Netzwerke
ihrer Machtfülle knüpfen

Ach, würden wir uns nicht verstricken darin

Ute Elisabeth Mordhorst

4. Sonntag der Osterzeit A

1 Petr 2,20b–25
Ihr seid heimgekehrt zum Hirten und Bischof eurer Seelen.

Segen

Gleich wie die Sonne
Licht verschwendet
an einen Mond,
der darauf wartet.

So gieße Segen,
Herr, auf Gottes Volk,
das darum bittend vor dir steht.

Ihr alle mögt sein Werben
um der Menschen Herz erfahren
in dieser Zeit
der Suche und des Findens.
»Und lass nicht ab davon,
sieh, Herr, dein Volk!«

Er werde für euch Hirte,
dem auch verlorne Schafe wichtig,
selbst um des einen willen
er viele auf den Bergen lässt.

Das wird Er sicher tun,
der Menschen liebt,
der sie umwirbt
wie jeder Bräutigam die Braut.

Der Gott,
der Vater ist
auch Sohn
und Heiliger Geist.

Herbert Jung

Joh 10,1–10
Ich bin die Tür zu den Schafen.

Unweit dir

Als die Trauer bei mir einzog und alle Fenster verdunkelte, als die Freude verlosch
und kein Fünkchen Hoffnung mehr war, trat die Erinnerung
an mich heran.
Sie hielt ein Licht in der Hand von der Art deines Lächelns.
Darin war eine Tür,
auf der stand dein Name geschrieben. Ich drückte die Klinke herunter …
Und siehe da.
Du in deinem weiten Raum, Du reichtest mir die Hände.
Und siehe da. Du wohnst nur einen Herzsprung entfernt.

Ute Elisabeth Mordhorst

4. Sonntag der Osterzeit B

Joh 10,11–18
Der gute Hirt gibt sein Leben hin für die Schafe.

Was noch

Was gibt's
noch zu tun
wenn Fessel
des Todes
Atem genommen
dem, der's Leben gewollt

Nur hoffen
auf den
der einst
diese Schöpfung entfesselt
aus kreisendem Ball

Land
aus dem Wasser
gehoben
Blume
der Erde
entlockt
Menschen
aus Staub
schön gebildet

Er könnt' es
wieder
entfesseln
wenn er es nur will

Frag ihn danach
und siehe
es wird

Herbert Jung

4. Sonntag der Osterzeit C

Joh 10,27–30
Ich gebe meinen Schafen ewiges Leben.

Verloren

Verloren
den Leib
in dessen Fruchtwasser
ich schwimmen gelernt

Und seitdem
schwimm' ich
noch immer –
mal oben
mal unten
jetzt aber
im Leben
in seiner Fülle

Denn niemand
wird mich entreißen
der Hand meines Vaters

Ertrinken
ganz ausgeschlossen

Herbert Jung

Ps 23
Der Herr ist mein Hirte,
nichts wird mir fehlen.

Gesang nach Psalm 23

Die Allmächtige hütet mich. Ich habe, was ich brauche.
Sie lässt mein Leben grünen. Sie ist mein Ruheort und mein Brunnen der Weisheit. Sie ist die Quelle der Freude.
Der Weg zu ihr führt mich zurück zu mir. Sie begleitet mich, wohin ich gehe.
Sie stillt meine Sehnsucht nach der verlassenen weiblichen Heimat.
Sie weist mir den richtigen Weg.
Sie hütet mich.
Muss ich durch Dunkles gehen, fürchte ich mich nicht, denn sie ist bei mir.
Sie hütet mich und gibt mir große Zuversicht.
Du Hüterin kommst und deckst mir die Tafel vor den Augen derer, die mich anfeinden und abwerten.
Vor den Augen derer, die sich nicht mit mir an einen Tisch setzen wollen, deckst du mir die Tafel.
Du stellst dich hinter mich. Du nimmst mein Gesicht in deine schönen Hände und salbst mir mein Haupt mit wohlriechendem Öl.
Du nimmst den Krug teuren Weins und füllst mir reichlich den Becher.
Lauter Güte und Freundlichkeit werden mir folgen mein Leben lang
und im Haus der Hüterin darf ich wohnen, solange ich bin.

Ute Elisabeth Mordhorst

Joh 14,1–12
Ich bin der Weg
und die Wahrheit und das Leben.

Im hohen Bogen

Ich möchte mich im hohen Bogen auswerfen
zu dir ins Ungewisse.
Fang mich
an allen Enden, an meinem Ende, auf.
Gerade im Ungewissen möchte ich deiner gewiss sein.
Ute Elisabeth Mordhorst

5. Sonntag der Osterzeit B

Joh 15,1–8
Wer in mir bleibt und in wem ich bleibe,
der bringt reiche Frucht.

Süße Früchte

Ein Grund zur Freude
ist die Lebendige.
Ein Grund zum Liedersingen.
Der Weinberg,
den die Allmächtige mir gab,
wird süße Früchte bringen,
wenn ich auf ihrem Grund
zu mir und meiner Wahrheit
stehe,
in ihrer Sonne kann ich reifen,
ich darf mich als ihr Kind begreifen.

Bin eine ihrer Reben.
So wie ich bin,
so bin ich gut.
So darf und soll ich
glücklich leben.

Ute Elisabeth Mordhorst

Joh 13,31–33a.34–35
Ein neues Gebot gebe ich euch:
Liebt einander!

Ineinander

Einst
aus der Nähe
von Menschen
entstanden

Sehn' ich seit dem
mich immer
nach Nähe

Wärme der Sonne
reicht mir
nicht aus
Haut eines Menschen
zu spüren
mir noch
zu wenig

Brauche die Nähe
dessen
der mich gewollt
der eigentlich
Vater mir ist
mit Ihm
ich verbunden
seit Er gesprochen
sein Ja
zu meinem Sein

Weiß nun
die Spur
der ich
zu folgen
damit seine Nähe
mir öfter
geschenkt

Hunger danach
durch Ersatz
nicht gestillt

Herbert Jung

Joh 14,15–21
Ich werde den Vater bitten,
und er wird euch einen anderen Beistand geben.

Mutterseelenallein

Mutterseelenallein
was lieb dir
und teuer gewesen
ist es nicht mehr?

Lässt einfach im Stich
was du
mit Herzblut begonnen
grausam mit ihm
noch bezahlt

Nicht zu verstehen
nach menschlichem Maß
es sei denn
du hast ihn jetzt satt
den Menschen
bist überdrüssig
seiner geworden
ob seiner Macht
sie letztlich
den Garaus
dir gemacht

Doch davon
ist keine Rede
an keiner Stelle

Mühsam
zu lernen
erst recht
sich zu freuen
wie's deine Freunde getan

Herbert Jung

6. Sonntag der Osterzeit B

Siehe 5. Sonntag der Osterzeit C

6. Sonntag der Osterzeit C

Joh 14, 23–29
Der Heilige Geist wird euch an alles erinnern,
was ich euch gesagt habe.

Im festen Glauben – in der festen Hoffnung

Dass es dir gut geht,
dort, wo du bist.
Dass du mich liebst
und ein Auge auf mich hast.
Dass du mir verzeihst,
was ich dir schuldig geblieben bin.
Dass ich dankbar bleibe für das,
was ich von dir bekommen habe.
Dass ich verstanden habe,
was du mir sagen wolltest.
Dass ich die Erinnerung an dich wachhalte.
Dass ich dein Erbe pflege.
Dass ich deinen Segen verdiene.
Dass auf jede Nacht ein neuer Tag folgt.
Dass wir uns wiedersehen.

Ute Elisabeth Mordhorst

Christi Himmelfahrt A

Mt 28,16–20
... Darum geht zu allen Völkern
und macht alle Menschen zu meinen Jüngern.

flammende wolken

flammende wolken
am himmel
ein hoffnungslicht
wirft
einen regenbogen
an die wolkenwand
zu zart
um schon geseh'n zu werden
nimm deine lampe
fülle sie mit öl
und mach dich
auf den weg

Ute Elisabeth Mordhorst

Geht in die Welt

Wie
soll ich reden
von dem
dessen Reden
mir zuweilen
die Sprache verschlägt

Da Er
mit Macht
ich nur mit Ohnmacht
die Botschaft verkünde
dass Gottes Reich
das Leben noch reicher
uns macht
und so leicht

Und Wunder
die den Glauben
erleichtern
werd' ich nicht wirken

Kann nur erzählen
schlicht in der Sprache
was mich fasziniert
und festhalten lässt
an jenem
der's Leben so liebt
dass Er selbst
dem Tod
den Kampf angesagt
und dabei gesiegt

Mehr
war nicht gewollt
von Ihm
damit vor allem
nur Er
zu Worte
stets kommt
und nicht ich

Herbert Jung

Apg 1, 12–14
Sie alle verharrten einmütig im Gebet.

Warten auf den, der gegangen

Wind
ihm genommen
sein letztes Blatt

Leer nun
die Äste
ragen zum Himmel
warten
dass Schnee sie bedeckt –
und wärmt
in der frostigen Nacht

schreien
auch nach dem Tag
dass Blüten
sie übersäen
in weiß – gar rosé

wird es
wieder geschehen
und wann

nicht nur die Äste
die warten –
auch jeder Mensch
auf diesen Tag
da Himmel
in Erde sich pflanzt
der Tod nicht mehr da
das Kind nie mehr klagt

wann wird es sein
wartet und wachet

Herbert Jung

Joh 17,6a.11b–19
Heilige sie in der Wahrheit;
dein Wort ist Wahrheit.

Wie wahr, wie wahr

Wie wahr, wie wahr
darf Kirche sein?
Wie wahr,
wie wahren wir den Schein
der einen, wahren Kirche?

Wie wahr, wie wahr
darf Liebe sein
und welche Liebe darf hinein
und wer muss draußen bleiben
und an der Kirche
leiden?

Wem gibt sie einen Ort,
wer führt in ihr das Wort
und wer muss besser schweigen,
was darf sich in ihr zeigen?
Wem gibt sie ihren Segen,
wer darf sich in ihr regen?
Spricht Kirche alle an
oder nur jedermann?

Wie wahr, wie wahr
sind wir in ihr?

Wie würdig würde Kirche sein
ließ sie sich auf die Wahrheit ein
die alle heilt und die befreit
den Menschen zur Wahrhaftigkeit.

Nicht wahr, nicht wahr?

Ute Elisabeth Mordhorst

Offb 22,12–14.16–17
Komm, Herr Jesus!

Suchen

Suchende
sind wir –
Herr
fragen
warum und weshalb
woher und wohin

warten
dass Einer
bald wieder kommt
der alles
uns einfach erklärt

Bis dahin
gib Worte
die uns vertrösten
das Warten erleichtern
bis zu dem Tag
da Licht
all unser Dunkel
da Antwort
all unser Fragen
erhellt

Herbert Jung

Joh 7,37–39
Ströme von lebendigem Wasser werden fließen.

Aus allen Wolken

Entfesselt
die Erde –
speit Feuer und Magma
wo und wann
sie es will

Entfesselt
der Himmel –
schickt Blitze und Sturm
wo und wann
er es will

Entfesselt
der Hass –
sät Wunden, sät Tod
wo und wann
er es will

Entfesselt
der Geist –
öffnet Mauern und Gräber
wo und wann
er es will

Auch heute??
Wir warten darauf!!

Tat's gestern
tut's wieder
ganz sicher

Herbert Jung

Wes' Geistes Kind

Wes' Geistes Kind
sind wir denn nun

Dieser Welt –
ihr angepasst
lebt's sich so schwer

Wes' Geistes Kind
sind wir denn nun

Seines Sohnes –
er macht lebendig
vor allem frei
zu leben
was zu leben lohnt

Wes' Geistes Kind
sind wir denn nun

Herbert Jung

Apg 2,1–11
Alle wurden mit dem Heiligen Geist erfüllt
und begannen zu reden.

Heilender Hauch

Wind
war's nicht nur
heilender Hauch
vielmehr

Geistert umher
un-ruhend
bis alle
be-geistert
von Ihm

In Sprachen
erzählen
die jeder
versteht

Zündelnd
wie's Feuer
züngelnd
die Zungen
umschwärmen
das All

Und lodernd
fürs Leben
greift er
nach dir

Herbert Jung

Auf einmal verstehen

Heilige Geistkraft
Zarter Anhauch
Ein offenes Ohr für dich haben
und auf einmal
verstehen
wovon alle reden

Ute Elisabeth Mordhorst

Joh 15,26 – 16,3.12–15
Der Geist wird Zeugnis für mich ablegen,
und auch ihr sollt Zeugnis ablegen.

Gott, wir könnten Menschen sein

Gott, wir könnten Menschen sein.
Leuchten als ein Licht
in die Dunkelheit hinein
deiner angesicht.

Gott, wir könnten Menschen sein.
Nähren als ein Brot,
dass die Hungrigen der Welt
litten keine Not.

Gott, wir könnten Menschen sein.
Wege in ein Leben,
das die Liebe weiterführt,
die du uns gegeben.

Gott, wir könnten Wahrheit sein,
die du zu uns sprichst,
und im Sturm aufrichtig ein
Sprachrohr, das nicht bricht.

Gott, wir könnten Menschen sein.
dir vom Wesen gleich.
Licht und Brot und Weg und Wein,
Menschen, Gottes reich.
Ute Elisabeth Mordhorst

Lk 10,21–24
Selig, die sehen, was ihr seht,
und hören, was ihr hört.

Du legst mir Weisheit ins Herz und neue Erkenntnis

Immer wieder lehrst du mich
allen Sinn und alles Sein
zu verstehen
nur aus dir.
Wort Gottes.

Du legst mir Weisheit ins Herz
und neue Erkenntnis
und immer wieder
schöpf ich nur aus dir.

Nur aus dir, Wort Gottes,
werde ich wirklich klug.

Ute Elisabeth Mordhorst

Sie ist in allen Räumen

Sie ist in allen Räumen
gegenwärtig
im tiefsten Innern
stillschweigend
und weiter als die Herzen reichen
äußert sie sich nicht

Ihr Licht ruft
ungebrochen
die Schatten,
die wir nach uns ziehn,
ins Licht

Jetzt gilt es
gut zu sehen und zu hören.

Ute Elisabeth Mordhorst

Pfingstmontag C

Joh 3,16–21
Wer aber die Wahrheit tut,
kommt zum Licht.

Gutes Erwachen

Keine Angst,
ich fürchte mich nicht.
Ich werde geglaubt.
Deine Engel
besternen Dunkelrau-Nächte
Dein Morgen taut tausend
Finstergesichte
Gott, du erwachst mich
Ich werde
zu Licht

Ute Elisabeth Mordhorst

II.

SONN- UND FESTTAGE IM JAHRESKREIS

Stell dich

Stell dich
dem Leben
und nimm
deinen Mut
ganz fest
bei der Hand

Er weicht nicht
von dir –
geht mit
und heilt
deine Angst

Trau ihm –
dem Mut
auch Engel
er manchmal geheißen

Behend'
seine Flügel
dich heben
über Stock und
den Stein
dich tragen
zum Ziel

Herbert Jung

Lesejahr A

Zachäus

Vertrauen
ist gut
Kontrolle
noch besser
wurd' ich gelehrt
und hab' es befolgt
dem Misstrauen
oft das Vertrauen
geschenkt
und nicht
dem Vertrauen

Du
lehrst es ganz anders
und handelst
danach
schenkst Dein Vertrauen
denen sogar
die von den vielen
nicht würdig
geheißen
dieses Geschenkes –
besser zu meiden
die zu Sündern
geworden

Und siehe
die Umkehr gelingt
nicht nur bei Dir
vor allem bei ihm
Herbert Jung

2. Sonntag im Jahreskreis A

Joh 1,29–34
Seht, das Lamm Gottes,
das die Sünde der Welt hinwegnimmt!

Auch ich

Kannte dich nur
vom Hören-Sagen,
von dem, was sie über dich erzählten.
Die immer gleichen Geschichten.

Auch ich kannte dich nur
von dem, was sie über dich zu wissen glaubten
und niederschrieben über dich.

Überall begegnetest du mir

in der offiziellen Lesart
in der offiziellen Lehrmeinung.

Dann kamst du auf mich zu
und ich sah
dass du ihnen weit voraus warst.

So weit, dass sie dich nicht wirklich sehen konnten.

Dann kamst du auf mich zu, so weit.
Da lernte ich dich lieben und verstehen.
Ute Elisabeth Mordhorst

Mt 4,12–23
Jesus begann zu verkünden:
Kehrt um!
Denn das Himmelreich ist nahe.

Nachfolge

Geh' nicht mit jedem
hat mir die Mutter
geraten
damals
als ich so unerfahren
und nicht wusste
dass Menschen
auch Unmenschen sind

Geh' nicht mit jedem
es wirkt
immer noch
gerade dann
wenn einer mir sagt
wie der aus Nazareth
komm doch!

Und jetzt?
Hör ich auf Ihn
lass mich verführen
obwohl doch von dort
nicht allzu viel
zu erwarten
oder mahnt noch
die Mutter in mir
Bleib lieber – wer weiß

wer aber weiß
die Folge,
wenn ich Ihm folge

Herbert Jung

Mt 5,1–12
Selig, die arm sind vor Gott.

Predigt am Berg

Wird es verlangt
von mir oder dir
dass meine Habe
ich Armen verschenke
mein Konto
sogar noch verschwende
an sie

– auf keinen Fall
aber vielleicht

Wird es verlangt
von mir oder dir
dass mein Haus
ich verlasse
unter der Brücke
des Nachts
ich irgendwo liege
tagsüber dann auch

– auf keinen Fall
aber vielleicht

Wird solches verlangt
auf keinen Fall
weil diese Predigt
vom Berg
nichts von uns fordert
oder gebietet
mit Strafe
als Konsequenz

Nein
trösten will sie
und heilen
nur Hoffnung verschwenden
und das ohne Maß
für alle
die irgendwo
und irgendwie
noch arm dran

Herbert Jung

5. Sonntag im Jahreskreis A

Mt 5,13–16
Euer Licht soll vor den Menschen leuchten.

Golden leuchten

Wie eine Kerze
ruhig im Leben stehen
und brennen
bis auf den goldnen Grund
und vor den Spiegel treten
das große Himmelsrund.
Und golden leuchten ...

Ute Elisabeth Mordhorst

Salz für die Erde

Im Leben
braucht's
auch die Schärfe
Süße allein
reicht niemals aus
auch wenn uns Land
einst versprochen
voll Honig
und Milch noch dazu

Doch der Weg dorthin
er ist noch lang
und steinig sogar
es braucht dann
zuweilen
die Schärfe
wie Salz
sie nur kennt
um laut zu sagen
das Nein

So nicht
wenn zum Krieg
einer lädt
so nicht
wenn einer den Weg
ins Verderben
vorschlägt
so nicht
wenn Götter verehrt
statt der Eine
der Freiheit uns schenkt

Salz
dieser Art
ich darf es sein
weil Leben
nicht Liebe
nur braucht
auch einen Kampf
und den
der ihn wagt
gen ganz dunkle Macht

Herbert Jung

Mt 5,17–37
Bis Himmel und Erde vergehen,
wird auch nicht der kleinste Buchstabe des Gesetzes vergehen,
bevor nicht alles geschehen ist.

Vergeben und vergessen

Dir verzeihen
gerne
kann ich's tun
vergessen
jedoch nie

Was damals
war geschehen
gekränkt
die Seele
krank
der Körper auch

Nach Heilung
suchen beide
denn Zeit allein
sie tut es nicht

Sehnsucht
uns erfüllt
nach jenem Tag
da Trauer
ausgezogen
die Wut
weit weg geflogen

Bis dahin
mag ein Beten Trost gewähren
die ew'ge Bitte
um's Verzeih'n

Da Er
uns stets verzieh'n
wird's leichter
werden
solch einen Satz
zu sagen
wie auch wir vergeben
und vergessen
was andere
Böses uns getan

Herbert Jung

Mt 5,21ff.
Zu den Alten ist gesagt worden –
ich aber sage euch.

Ich ABER

Ich ABER
Bin
Kein Ja und Amen
Ich ABER bin das Aber in der
Kirche und der Welt
Ich ABER widersage
der Lüge und Heuchelei
Ich ABER bin
Der Widerspruch zu euren frommen Sprüchen

Ich ABER bin das Ja
Ich ABER bin das Nein

Und alles andere ist vom Bösen
Ute Elisabeth Mordhorst

7. Sonntag im Jahreskreis A

Mt 5,38–42
Ich aber sage euch:
Liebt eure Feinde!

Herrschaftszeiten noch einmal

Herrschaftszeiten.
Mannigfaltige Formen der Unterdrückung seit Jahrtausenden
rund um den Globus.
Herrschaftszeiten.
Gestern und heute und morgen wieder? Alles, nur das nicht,
alle, nur ich nicht!
Aber was, wenn ich nun eine bin, die hübsch mitmacht mit der Macht, die andere klein macht?
Herrschaftszeiten noch einmal ...

Ute Elisabeth Mordhorst

8. Sonntag im Jahreskreis A

Mt 6,24–34
Sorgt euch nicht um morgen.

Sorglos

Hab' ich alles dabei
– Schlüssel
– Ausweis
– die EC-Karte

Hab' ich alles besorgt
– Brot
– Fleisch
– das Gemüse

Hab' ich alle Termine im Kopf
– Zahnarzt
– Kita
– den Verein

Hab' ich an alle gedacht
– Oma
– Hund
– den Nachbarn

All das
braucht es nicht mehr

Staunend hör ich die Botschaft

Du hast gut reden, Herr

Hattest zwölf Männer
dir zu Diensten
dazu noch Frauen

Ich hab' das nicht
Herbert Jung

Mt 7,21–27
Nur wer den Willen meines Vaters erfüllt,
wird in das Himmelreich kommen.

Sind wir nicht in deinem Namen

Viele sind es, die
aufgetreten
angetreten
übergetreten
sind in meinem Namen

Viele sind es, die sich gern haben reden hören
von mir

Aber nicht viele sind es,
die auf meine Worte gehört und danach gehandelt haben

Viele sind es nicht in meinem Namen
In meinem Namen geschah viel namenloses Leid

Ute Elisabeth Mordhorst

10. Sonntag im Jahreskreis A

Mt 9,9–13
Ich bin gekommen,
um die Sünder zu rufen, nicht die Gerechten.

Über Grenzen

Jahrelang arbeitete ich beim Zoll,
am Grenzübergang zwischen
schwarz-weißem Denken.
Wollte jemand auf die Seite,
die nicht meine war, kam ihn das teuer zu stehen,
er bezahlte mit seiner Freundschaft,
ich drückte ihm einen Stempel auf
und entließ ihn aus meinem Leben.
Die Schranke fiel.
In jener Zeit sah Jesus mich,
er sah, dass ich meiner Grenze zum Opfer fiel,
und sprach mich an.
Folge mir nach, sagte er und
wies mich aus meinen Schranken.
Da stand ich auf und ging über meine Grenze hinaus
und ging auf Jesu Liebe ein
und machte den Weg frei für ihn
und er ließ die Gnade passieren.
Jetzt wo ich mich nicht mehr
in engen Grenzen bewege,
kann ich Jesus folgen
und barmherziger sein
mit mir und anderen.

Ute Elisabeth Mordhorst

Mt 9,36–10,8
Da wir mit Gott versöhnt wurden durch den Tod des Sohnes,
werden wir erst gerettet werden durch sein Leben.

Nachricht

Vor mir
Nachricht
aus der Pfarrei
»Bote« genannt
oder so ähnlich

Und finde darin
Programm dieser Woche
Sonntag
am Morgen die Messe
am Abend noch mal
und Andacht dazwischen

Am Montag die Messe
am Dienstag dann auch
Beichte – wer's braucht
auf Anfrage gerne
Kaffeerunde für Senioren
wie immer
am ersten Mittwoch
des Monats
und Elternkaffee
freitags
am Ende der Kita

Vor mir
Text aus der Schrift
– der von heute:
»heilt Kranke
weckt Tote auf
macht Aussätzige rein
treibt Dämonen aus«

Nichts davon
im Pfarrbrief zu lesen

Herbert Jung

12. Sonntag im Jahreskreis A

Mt 10,26–33
Fürchtet euch nicht vor denen,
die den Leib töten.

Und ich fürchtete mich nicht (In deinem Namen)

Jemand hatte meinen Namen
genommen und
in die Nacht geworfen.
Da hatte ich keinen Namen mehr.

Du bautest mir ein Boot
und du knüpftest mir ein Netz
meinen Namen heimzuholen aus der Nacht
und ich ruderte hinaus.

Als ich angekommen war
in der tiefsten Nacht
gabst du mir den Mond in die Hand
und ein Stück Holz
und ich schlug die Trommel
und ich fürchtete mich nicht.

Da floh die Nacht
und ich fand meinen Namen
unversehrt auf dem Grunde deines Wortes.

Ute Elisabeth Mordhorst

Mt 10,37–42
Wer Vater oder Mutter mehr liebt als mich,
ist meiner nicht würdig.

Auch ohne?

Geht's nicht
auch ohne

Ohne die Nacht
deren Dunkel
gefährlich uns wird

Ohne den Zweifel
dessen Hunger
am Glauben uns nagt

Ohne die Trauer
deren Macht
das Leben uns leidet

Geht's nicht
auch ohne

Letztlich
ohne ein Kreuz
allein dessen Schatten
schon drückendes Joch
auf uns wirft

Erschreckendes »Nein«
kommt dieser Frage
entgegen
von Ihm
der selber
sein Kreuz
einst getragen

Und schließlich geendet
mit diesem »Warum«
das jedem von uns
schon in die Wiege gelegt

Antwort
blieb aus
so war es damals

Antwort bleibt aus
so ist es heute

Herbert Jung

14. Sonntag im Jahreskreis A

Mt 11,28–30
Kommt alle zu mir, die ihr euch plagt
und schwere Lasten zu tragen habt.

Angekommen

Von Pontius zu Pilatus
nach Canossa
vor die Hunde
in die Irre
auf Abwegen
im Kreis
zu Boden
Gegangen
Vor verschlossenen Türen
abseits
Gestanden
In Beziehungen
Arbeit
Konsum
Geflüchtet
In Ideen
Verrannt
Therapien
Durchlaufen
Und endlich bei Jesus zur Ruhe gekommen

Ute Elisabeth Mordhorst

Mt 13,1–23
Deshalb rede ich zu ihnen
in Gleichnissen, weil sie sehen
und doch nicht sehen, weil sie
hören und doch nicht hören
und nichts verstehen.

Alles beginnt mit der Sehnsucht

Wer glaubt, sich gefunden zu haben
und wer glaubt
nicht weiter
suchen zu müssen
irrt

Alles beginnt mit der Sehnsucht
Und mit dem Finden
fängt das Suchen erst an

Wo bist du?
Ute Elisabeth Mordhorst

Mt 13,24–43
Unkraut wächst im Weizen,
... und das Himmelreich ist wie Sauerteig und Senfkorn.

Lasst beides wachsen

Geranien
gerne in rot
und in weiß

Mit Freuden
sieht sie der Gärtner
wachsen und blühen
kann sie genießen
die weiteren Arten
nicht nur die Formen
und ihre Farben
auch deren Duft
von vielen
betörend verströmt

Doch
mag er nicht
Grün und das Grau
das Unkraut geheißen
obwohl es
sehr ähnlich
allerlei Kraut
verbrennt sie zudem
die Disteln und Dornen

Wer gab ihm recht
sie auszurotten
ohne Erbarmen
die gerne gelebt
da sie geschaffen
von gleicher Hand
die auch die Blume
kunstvoll aus Erde gebildet

Gut
dass nun einer
Einhalt gebietet
und Recht auf ein Leben
dem Unkraut gewährt
dem Mörder
dann auch

Herbert Jung

Mt 13,44–52
Mit dem Himmelreich ist es ...
wie mit Schatz, Perle und Fischernetz.

Du legst mir Weisheit ins Herz und neue Erkenntnis

Immer wieder lehrst du mich
allen Sinn und alles Sein
zu verstehen,
nur aus dir.
Wort Gottes.
Du legst mir Weisheit ins Herz und neue Erkenntnis,
und immer wieder
schöpf ich nur aus dir.
Nur aus dir, Wort Gottes,
werde ich wirklich klug.

Ute Elisabeth Mordhorst

18. Sonntag im Jahreskreis A

Mt 14,13–21
Gebt ihr ihnen zu essen!

Wunderbar

Kaum
zu glauben
es sei so
geschehen
fünftausend
sie werden satt
fünf Brote
völlig genug
zwei Fische
und weiter nichts mehr

Symbolisch
sei es gemeint
zeige in Bildern
auf jene Fülle
zu uns gekommen
mit Gottes Reich

Erklärung Gelehrter
die's anders erklären
nicht können
Wunder
für sie
ganz ausgeschlossen

Wenn's aber
nun wirklich
einst so gewesen
wie Matthäus
uns aufgeschrieben

Dann wär'
es geschehen
was auch noch
geschrieben

Klugen
ist es verborgen
Verstehen –
nur Unmündigen
ward es geschenkt

Herbert Jung

Mt 14,22–33
Als ihn die Jünger über den See kommen sahen, erschraken sie.

Wage den Schritt

Wage das Neue
sei mutig
und steige
jetzt ein

Verlass dieses Muster
das Leben beengt

Geh aus dem Job
der Freude am Leben
dir nimmt

Verlass deine/n Frau/Mann
deine Kinder
weil du glaubst
so ist's besser
für alle (Mt 19,29)

Und dann
kommt die Angst
wenn's Schloss
hinter dir fällt
Fuß
fremden Boden betritt

Damals gings gut
bis zu dem Punkt
da seiner Angst
er Vertrauen geschenkt
statt Ihm
Petrus, der Zweifler

Tu's ihm
nicht nach
und geh

Herbert Jung

Mt 15,21–28
Frau, dein Glaube ist groß.
Was du willst, soll geschehen.

Wunder

Wunder
wann und wo
wird es geschehen
fragen doch viele
und warten
auf diesen Tag
da Krankheit
plötzlich verschwunden
das Herz wieder schlägt
der Arm sich bewegt
Geliebter zurück
wieder findet

Und warten
vielfach vergebens
wären so gerne
in heilender Nähe
eines Messias gewesen

Lernen nun
mit Enttäuschung zu leben
und vielerlei Fragen
die Antwort darauf
niemand sie weiß

Und gehen dann weiter
bezwingen die Not
auf ihre Art
reifen dabei
wie Raureif es tut
bei ganz später Traube

Und wundern sich selbst
dass sie noch leben
trotz allem sogar

Auch dies
ist ein Wunder
wird manchmal
sogar
so genannt

Herbert Jung

Mt 16,13–20
Petrus antwortete: Du bist der Messias,
der Sohn des lebendigen Gottes!

Auf Felsen gebaut

Auf Felsen gebaut
trotzdem Risse
unübersehbar

Tragendes Werk
ins Wanken geraten
Felsenfest
ist sie nicht mehr
die Kirche
die's Leben
einst gänzlich bestimmt

Abbau steht an
sagen die einen
Umbau wär' besser
meinen die ander'n
Neubau das Beste
doch wer hat den Plan
und wer zahlt den Preis

Herbert Jung

Mt 16,21–27
Von da an begann Jesus, seinen Jüngern zu erklären,
er müsse nach Jerusalem gehen und von den Ältesten,
den Hohenpriestern und den Schriftgelehrten vieles erleiden.

Dornenweg

Fee
Nummer 13
war es
im Märchen
die's Unheil
verkündet
Dornröschen
mit Dornen verflucht

Heut'
spricht Er selber
vom Weg in die Dornen
der bald ihn ereilt
das Leiden gefordert
– es muss wohl
so sein –
der Tod
das Leben ihm nimmt
am Kreuz Er verendet

Doch dann
– fast überlesen –
am Ende
ein Satz
voller Hoffnung
dass dieser Weg
durch's Leiden
und Sterben
zum Leben
letztendlich hinführt
wie's Erde
bisher nicht kennt

Ist so
für ihn

Seitdem versprochen
für dich auch
und für mich

Herbert Jung

Mt 18,15–20
Denn wo zwei oder drei in meinem Namen versammelt sind,
da bin ich mitten unter ihnen.

Mitten unter uns

Schön ist das,
wenn ich still werde und die Augen schließe und an dich denke.
Dann bist du mir ganz gegenwärtig.
Genau so schön, beinahe schöner, ist es,
wenn wir zu mehreren sind und von dir sprechen.
Dann bist auf einmal mitten unter uns und belebst uns neu.

Ute Elisabeth Mordhorst

24. Sonntag im Jahreskreis A

Mt 18,21–35
Nicht siebenmal, sondern siebenundsiebzigmal
sollst du deinem Bruder und deiner Schwester vergeben.

Vor allem Erbarmen

Da war einer,
der trug seinem Bruder die Schuld
jahrelang nach.
Jahr für Jahr.
Tag für Tag trug er daran.

Da war eine,
die entließ ihre Schwester nicht aus
dem Schuldgefängnis
und fand selber den Weg in die
Freiheit nicht mehr.

Wir schulden einander viel.
Vor allem Erbarmen.
Ute Elisabeth Mordhorst

Mt 20,1–16a
So werden die Letzten die Ersten sein
und die Ersten die Letzten.

Deine große Güte

Du spannst dein Herz über uns aus
wie einen Himmel.
Stunde um Stunde
wirbst du um uns.
Du liebst uns alle gleich.
Du liebst uns alle gleichwertig.
An deine Güte reicht niemand heran.
Ute Elisabeth Mordhorst

26. Sonntag im Jahreskreis A

Mt 21,28–31
Da erzählte Jesus ein Gleichnis ...
und fragte: Wer von den beiden hat den Willen seines Vaters erfüllt?

Aufbruch

Ich nehme aus deinem Wort ...
ein Licht für die Nacht
und ein Paar feste Schuhe für den Weg.
Ich nehme aus deinem Wort ...
für die Wüstenzeit Wasser und Brot,
Sterne und Lieder.
Einen Hut für alle Wetter.
Ich nehme aus deinem Wort ...
Datteln und Feigen
und süßen Wein und obendrein
Davids Harfe.
Ich packe – mit deinem Wort – meinen Koffer.
Ute Elisabeth Mordhorst

Jes 5,1–7
Ich will singen ein Lied vom Weinberg meines Liebsten ...

Landnahme

Leises Land
laut-los
geworden
seit Kriegslärm
dich überzogen
selbst Vögeln
die Sprache verschlagen

Dringt
an dein Ohr
– noch immer –
das Schreien
derer
die auf der Flucht
vor Menschen
die Wölfe geworden
Seele getötet

Schamwind
neigt hier
die Ähre
Tränen
berühren die Böden
der Wasser

Errötend
– trotz allem –
wagt sich
der Mohn
offenem Himmel
entgegen

Leises Land
laut-los geworden
Ohr
noch verschlossen
bis er
gänzlich verhallt
Schrei
nach dem Leben
und sanft
sich ihm nähert
Lied
das der Taube vertraut

Herbert Jung

27. Sonntag im Jahreskreis A

Mt 21,33–44
Er wird den Weinberg an andere Winzer verpachten.
Ps 75,2–8.10–11
Gott hält Gericht nach seinem Recht.

Gesang nach Psalm 75
Wir verehren dich, Gott, unsere Mutter, wir verehren dich;
du bist die Lebendige des Lebens, also reden wir von dir.
Und wir hören, was du sprichst. Du sprichst:
»Ja, zu der Zeit, die ich selbst bestimme, halte ich Gericht nach meinem Recht.
Die Erde mit allen, die auf ihr wohnen, mag wanken;
doch ich selbst habe ihre Säulen auf festen Grund gestellt.«
Ich sage zu den Stolzen: »Seid nicht so vermessen!«
und zu den Machtgierigen: »Brüstet euch nicht mit eurer Macht!
Brüstet euch nicht stolz mit eurer Macht, redet nicht so überheblich daher!
Denn weder eure Verbündeten hier
noch eure Verbündeten dort
noch eure Militärs und Kumpane und Seilschaften sichern euch die Macht.
Nein, die Macht ist bei Gott, der Allmächtigen.
Sie ist die Verbündete der Erniedrigten und Unterdrückten,
sie ist die Machthaberin der Welt und des Alls.
Keine, die willkürlich ermächtigt oder entmachtet.
Sie richtet souverän und gerecht.
Vielleicht jubelt ihr jetzt. Ich aber werde jubeln für immer;
Gott, der Mutter Rahels und Leas, will ich singen und spielen.
Ich schlage die ganze Macht der Machtgierigen nieder;
doch das Haupt der Gerechten wird hoch erhoben.«

Ute Elisabeth Mordhorst

28. Sonntag im Jahreskreis A

Mt 22,1–14
Er schickte seine Diener,
um die eingeladenen Gäste zur Hochzeit rufen zu lassen.
Sie aber wollten nicht kommen.

Einladung

Alles ist bereit.
Nur die Gäste nicht.
Bin ich bereit,
deiner Einladung zu folgen,
oder tanze ich lieber auf anderen Hochzeiten?

Alles ist gut vorbereitet.
Nur die Gäste nicht.
Wie trete ich vor dich?
Gut
oder schlecht vorbereitet?

Ich will deiner Einladung folgen,
dich ehren mit dem, was ich an Leib und Seele trage,
dir keine Antwort schuldig bleiben,
den Festsaal füllen
und feiern mit dir.
Wenn du mich ansiehst, sollst du dich freuen.

Ute Elisabeth Mordhorst

Platz reserviert

Gibt's noch
Karten
so frage ich nach
beim Vorverkauf

Noch bleibt der Zweifel
ob's klappt
sie noch zu sehen
und zu hören
die Zauberflöte von Mozart

Auf jeden Fall
sind sie zu haben
Karten
fürs Mahl
ganz am Ende der Welt

Zweifel ganz unangebracht
als Mensch
auch mit Fehlern behaftet
mit Schuld gar beladen
hab ich meinen Platz
ganz sicher
so ist's versprochen

Angst braucht es nicht
wenn ich dort stehe
am Ende meiner Tage
dort
wo jenes Tor zum Himmel
offen für die vielen
und Einlass
gerne gewährt

Vorverkauf
völlig unnötig

Herbert Jung

Mt 22,15–21
So gebt dem Kaiser, was dem Kaiser gehört,
und Gott, was Gott gehört!

Worauf es ankommt

Worauf kommt es uns an,
wonach sehnen wir uns:
an der Macht zu sein
oder in der Liebe?

Wen beten wir an:
die an der Macht sind
oder die in der Liebe sind?

Worauf kommt es uns an?
Ute Elisabeth Mordhorst

30. Sonntag im Jahreskreis A

Mt 22,34–40
Du sollst den Herrn, deinen Gott, lieben mit ganzem Herzen,
mit ganzer Seele und mit all deinen Gedanken.
Ebenso wichtig ist: Du sollst deinen Nächsten lieben wie dich selbst.

Nächstenliebe

Nicht doch
schon wieder
der Satz von der Liebe
schon x-mal gehört
dieses »du sollst«
sie nun lieben
die Nächsten, die Fernsten
ach, eigentlich jeden

und kann es doch kaum

Hab' täglich den Ärger
mit meinem Du
das ich gewählt
mit meinen Kindern
die ich gewollt

Selbst dort schon
die ich mir »Liebste« genannt
wird es unendlich oft schwer

Nur selten
lese ich weiter
überseh' ihn so oft
den Satz
von der Liebe
zu mir
auch der ist von Dir
steht gleich
daneben
und tut einem jeden
so gut

dass meine Sorge
nicht ständig dem anderen gilt
dass ebenso ich
an der Reihe und
wertvoll wie er

Herbert Jung

Mt 23,1–12
Auch sollt ihr niemanden auf Erden euren Vater nennen;
denn nur einer ist euer Vater, der im Himmel.

Nur im Himmel ein Vater

»Papa« erlaubt
– vielleicht
»Vater« verboten
– auf jeden Fall
sagt uns Matthäus
und der muss es wissen
weil er dabei
als Jesus gepredigt
vom Berg
doch nicht
von oben herab
von Mensch eher
zu Mensch
weil Er das wollte
anders nicht will
Bruder du mir
Schwester ich dir

Geschwister
wir alle
Vater
nur der im Himmel

Was nun
wenn Menschen
sich daran
nicht halten –
den
Vater jetzt nennen
der heilig
seit er getauft

Aber
noch nicht im Himmel
Bischof von Rom
er geheißen
und Diener der Diener

Wird der nun
der Sünde bezichtigt
gleich dem
der sonst
ein Gebot übertreten

Herbert Jung

Mt 25,1–13
... zehn Jungfrauen, die ihre Lampen nahmen
und dem Bräutigam entgegengingen –
fünf von ihnen waren töricht und fünf waren klug.

Zehn Jungfrauen

Auf, Ihm entgegen
mit Lampen, die brennen
genügend Öl noch dabei,
und dann?

sind wir gerettet,
freuten sich die Obdachlosen
Vladimir und Estragon,
die warten auf den fremden Godot.

Auf, Ihm entgegen
mit Lampen, die brennen;
genügend Öl noch dabei,
und dann?

Feiern wir Hochzeit
mit Ihm,
der gern mit den Menschen
sich liebend vermählt.

Auf, Ihm entgegen
mit Lampen, die brennen;
genügend Öl noch dabei,
und dann?

Wär' es ein Ende
von Trauer und Leid,
von Fragen
der Angst und dem Tod.

Auf, Ihm entgegen
mit Lampen, die brennen;
genügend Öl noch dabei,

Und dann?

Herbert Jung

Koffer gepackt

Koffer gepackt
Lampe und Öl
auch mit dabei
kann losgehen
jetzt –

Bin schon bereit

Nur noch auf ihn
warte ich jetzt
der ja versprochen
hole dich ab
nein – hole dich
heim! –

War ja ganz schön
hier auf der Erde
trotz Regen – trotz
Neid und manch
einem Leid ...

Endlich vorbei –
die Fremde, die
Glück nur in Maßen
gekannt –
ist jetzt vorbei!
also, wann geht's
jetzt los ...?

Herbert Jung

33. Sonntag im Jahreskreis A

Mt 25,14–15.19–21
Denn wer hat, dem wird gegeben,
und er wird im Überfluss haben;
wer aber nicht hat, dem wird auch noch weggenommen,
was er hat.

Endgericht

Richten
was krumm war
gerade gestalten

Aber auch

richten
was Richter
tagtäglich nun tun

Aber auch

richten
was Form
hat verloren
in Form wieder bringen

Aber auch

richten
um Urteil zu fällen
für jeden Fall

Aber auch

richten
als retten
das, was verloren
zu heilen
das, was verwundet

So
meinte es
Er, der Retter

Wer sonst
Herbert Jung

»Gestattet«

Mein Ohr
darüber staunt
was ihm
ward zugerufen
daran noch glauben
ach, es fällt
ihm schwer

Zu oft
gar andere Worte
sein Inneres bewegten
Ein »Sollen«
gar ein »Müssen«
war zu hören

Und Augen sahen
einen Zeigefinger
erhoben
Böses anzudrohen
Wenn ...

So haben's
viele oft erlebt
wenn sie
zur Kirche kamen

Darum sie jetzt
noch Zweifel hegen
ob's wirklich stimmt
was da geschrieben
Matthäus uns
als Jesu Gleichnis
hinterlassen

So gilt's
zu unterscheiden lernen
was Er gesagt
der Mann aus Nazareth
was sie gehört
die ihm gefolgt
weil Kirche
– sündig sie
und nicht nur heilig –
zuweilen Holzweg
uns gewiesen
statt diesen zum Heil

Herbert Jung

Vermögend

Wie großzügig du mich bedacht hast.
All die wunderbaren Talente,
die du mir mitgegeben hast,
sie sind viel mehr wert
als ein prall gefülltes Bankkonto.

Wie reich du mich beschenkt hast.

Das Vermögen, aus dem ich lebe:
Je mehr ich daraus schöpfe,
je mehr gewinne ich dazu.

Ute Elisabeth Mordhorst

Lesejahr B

Nichts zu befürchten

Furcht
durchfurchtes Herz
Und wenn ich nicht länger
spure
der Furcht
in meinem Herzen
nicht länger
den Boden bereite
sondern
den Blick hebe und
auf den Morgen schaue
der vor mir liegt

Da ist
keine Spur von Angst

Ute Elisabeth Mordhorst

Joh 1,35–42
Da gingen sie mit und sahen, wo er wohnte,
und blieben bei ihm.

Auf Suche

Was sucht ihr
solch Fragen
weckt Unruh
es trifft –

Statt Schlaf
bringt Wachsein
die Nacht

Als käme
die Antwort
irgendwoher –
im Dunkel
jetzt noch verborgen

Was braucht sie
die Sehnsucht
damit sie ihr Drängen
den Hunger wonach
endlich einstellt

Essen und Trinken
zuweilen ist's so

Luxus und Leben
kann's schon mal sein

Die Nähe von Menschen
tut meistens gut

Kann vorerst genügen
dies alles

Und trotz alledem
kommt sie
schon wieder
die Frage
was sucht ihr

Weiß nicht

Noch nicht!

Herbert Jung

Mk 1,14–20
Kehrt um,
und glaubt an das Evangelium!

Wer oder was

Wer oder was
muss sich
denn ändern
damit es
nun werde
Reich Gottes
mit dem
schon begonnen
der's Leben
dafür gegeben

Jene
die Waffen
immer noch schmieden
statt Pflugscharen
daraus zu gießen

Jene
die am Hebel der Macht
nach Gutdünk'
entscheiden

Jene
die unsere Welt
einteilen in Arme
und Reiche

Wer oder was
muss sich
denn ändern

Ganz einfach
du nur
und ich

Herbert Jung

Mk 1,21–28
Er lehrte sie wie einer,
der göttliche Vollmacht hat.

Dämonen

Herr seiner selbst
ist er nur selten
der Mensch

– getrieben
von Trieben
die ihn in der Hand

– gezwungen von Zwängen
die ihm auferlegt

– besessen
von Plänen
auch Idealen
die letztlich zerstörerisch wirken

Dämonen
nennt es die Bibel
weil sie vermutet
dass Kräfte
gar Geister
solches bewirken –
der Mensch
nur ihr Opfer

Endlich
kommt einer
der sie entlarvt
Macht über sie hat

Noch immer
wird Er gebraucht
dem der Wind
und die Wasser gehorchen
und unser Rufen
nach Ihm

– weil Böses
den Kampf mit dem Guten
weiter noch führt

Wird es
erst enden
am Ende

Herbert Jung

Mk 1,29–39
Als sie ihn fanden, sagten sie
zu ihm: Alle suchen dich.

Alle suchen dich

Alle suchen dich,
manche, ohne es zu wissen.
Ich suche dich auch,
und in allem finde ich dich, vorübergehend ...
Du kommst und gehst.
Ich kann dich nicht festhalten.
Aber an meiner Liebe zu dir kann ich festhalten.
Und im Gedächtnis behalten kann ich,
was du mir sagtest.
Und danach leben.
Damit dein Segen weitergeht,
von einer zum andern.
Dazu bist du gekommen.

Ute Elisabeth Mordhorst

6. Sonntag im Jahreskreis B

Mk 1,40–45
Wenn du willst,
kannst du machen, dass ich rein werde.

Aus-Satz

Mitleidlose Sätze.
Wir wollen dich nicht.
Du passt nicht zu uns.
Basta.
Kein Wort mehr. Aus! Und vorbei.

Jesus hat Mitleid. Und holt den Menschen, der nicht nur Mann, sondern ebenso Frau sein kann, wieder rein in die Gemeinschaft.

Im gleichen Augenblick verschwindet der Aus-Satz.
Ute Elisabeth Mordhorst

Mk 2,1–12
Da brachte man einen Gelähmten zu ihm;
er wurde von vier Männern getragen.

Warum nur

Warum nur
den einen
von seiner Lähmung
geheilt –

Gab's nicht
noch andere
in den Dörfern umher

Und manch eine
seit ihrer Geburt
noch nie
gehen gekonnt

Warum nur
den einen

Viele haben's gefragt
damals
und heute
noch immer

Was hat er getan
den du
ans Laufen gebracht
was andere
nicht konnten
nicht wollten –

Viel Glaube
war wohl der Grund
sagt uns die Schrift

Aber
glaubt heut' denn
jemand
dass Wunder geschehen

Herbert Jung

8. Sonntag im Jahreskreis B

Mk 2,18–22
Da kamen Leute zu Jesus und fragten:
Warum fasten deine Jünger nicht?

Neue Kleider

Ich will so bleiben, wie ich bin, sagt eine Frau in der Werbung.
Sie betrachtet ihr Spiegelbild im Schaufenster und sagt: Ich will so bleiben, wie ich bin.
Eine Stimme aus dem Nichts antwortet ihr: Du darfst.
Ich will dir werden, die du willst.
Auf die Gefahr, dass mir die alten Kleider nicht mehr passen.
Ich will zulegen an Reife und Erkenntnis. Ich will in die Fülle kommen.
Ich will nicht auf Reduktionskost zu dir gehen. Ich will mehr werden als ich war.
Ich will dir werden, die du willst.
Schau du mich an. Wandle du mich nach deinem Bild. Du darfst.

Ute Elisabeth Mordhorst

Mk 2,23–3,6
Der Sabbat ist für den Menschen da,
nicht der Mensch für den Sabbat.

Erstens: Der Mensch

Wer
dient denn wem:
Mensch
dem Gesetz
oder
heißt es
ganz anders:
Gesetz
dient dem Menschen

Frage
die's Leben
mir stellt
und ebenso dir

Trifft nicht nur
den Richter
der's Urteil
dann fällt

Antwort
glasklar
von Ihm
und scharf
für die Ohren
die taub

Mensch
kommt zunächst
dann erst Gesetz
Regel
nur da
dem Leben zu dienen

System Seiner Tage
war damit zerstört
Urteil zum Tode
somit gefällt

War konsequent
Er aber auch

Herbert Jung

Mk 3,20–35
Wer den Willen Gottes erfüllt,
der ist für mich Bruder und Schwester und Mutter.

Gemauerte Texte

Deine Mutter und deine Brüder
stehen draußen
und fragen nach dir.

Und deine Schwestern?
Stehen drinnen.
Was jene nicht erkennen können,
die draußen stehen
und nicht durch dicke Mauern sehen.

Ute Elisabeth Mordhorst

Mk 4,26–34
Das kleinste von allen Samenkörnern geht auf
und wird größer als alle anderen Gewächse.

Senfkorn

Etwas sehr Kleines
in den Augen der Menschen

Etwas von bitterlich scharfem Geschmack
auf ihren Zungen

Etwas, das Heilkraft besitzt

Ist es aber gesät
aufkeimende Hoffnung

Und tief im Unbewussten
nisten Engel sich ein

Ute Elisabeth Mordhorst

12. Sonntag im Jahreskreis B

Mk 4,35–41
Was ist das für ein Mensch,
dass ihm sogar der Wind und der See gehorchen?

Sturmwind

Wenn's aber
stürmt
nicht auf dem See
keine Gischt mir
Schweiß wohl stattdessen
die Kleider durchdringt ...
weil's stürmisch geworden
in mir
oder in dir ...
weil Fragen und Sorgen
den Schlaf
uns verdrängt
und Angst
am Morgen uns weckt
wirst du dann
auch die Ruhe
uns schenken

So dass unser Herz
zum Hals
nicht mehr schlägt ...

Frage allein
weiß nicht um Antwort ...

Den Ruf
braucht es nach dir
und starken Glauben

Was damals geschah
warum nicht auch heute

Herbert Jung

Begründetes Vertrauen

Panik
Uferlose Angst
Ich soll über das Wasser fahren
das keine Balken hat
Hinübersetzen
auf die andere Seite
so mir nichts dir nichts
ins Boot geholt
Aus welchem Holz ist es
Aus welchem Holz bin ich geschnitzt

Panik
Uferlose Angst
Kein Boden unter den Füßen
Kein Land in Sicht
nur die andere Seite von mir
Die Angstseite
die ich nie anschauen wollte
Bis jetzt, da ich mit im Boot sitze
in dem wir alle sitzen
wenn der Sturm aufkommt
und wir befürchten müssen
dass wir
zugrunde gehen

Und Jesus
Geruht mir zu vertrauen
Weil er die starke Seite von mir kennt
und weiß
Ich kann auch diese Situation
meistern

Er glaubt an mich

Ute Elisabeth Mordhorst

13. Sonntag im Jahreskreis B

Mk 5,21–43
Talita kum!, das heißt übersetzt:
Mädchen, ich sage dir, steh auf!

Schlaf für immer?

Ist's Schlaf
jetzt für immer
der uns befällt
wenn nun
kein Atem mehr
das Herz bewegt

So
sagt's der Dichter
und weiß nichts sonst
weil Antwort
ihm der Tod verweigert

Ist's Schlaf
jetzt für immer
für den
der eben noch geredet
die Hand mir gestern gern gehalten

Nein
sagt der Menschensohn
und lädt
das tot geglaubte Mädchen
ein zur Auferstehung

Dich auch

Dann geh' hinaus
ins Leben

Herbert Jung

Alle eingeschlossen

Vater und Mutter gehören dazu.
Gehören hineingenommen
in die Krankheitsgeschichte.
In das Gespräch.
In den Heilungsprozess.
Abgeschirmt von der Außenwelt
und geschützt
vor neugierigen Blicken,
sodass Raum ist für die Wahrheit,
die frei macht,
und die Tochter herausfinden kann
aus der Ohnmacht.

Ute Elisabeth Mordhorst

Blutflüssige Frau

Warum wird
das Blut
so verketzert
bei der Frau
weiblich eigen Blut
das doch ganz natürlich ist?

Warum wird
das Blut
so verketzert
bei der Frau
und das Blutvergießen nicht
beim Mann?

Massenhaftes Blutvergießen
in den vielen Kriegen.

Ute Elisabeth Mordhorst

Mk 6,1b–6
Nirgends hat ein Prophet so wenig Ansehen wie in seiner Heimat, ...
Und er konnte dort kein Wunder tun.

Kein Wunder

Kein Wunder
dass Glaube
verdunstet wie Nebel
beim Schwinden der Nacht

Geschieht doch
kein Wunder
bei uns
und sonst irgendwo

Höchstens
ein Wundern
darüber
was heute
zu sehen
zu hören
auch ist

Mag sein
dass dies nun
den Namen Wunder
verdient

So könnte er wachsen
der Glaube
– heute noch immer –
an den
der Wunder uns wirkt

Bis dahin
bleibt nur
wundern und warten
Herbert Jung

Mk 6,7–13
Wenn man euch aber in einem Ort nicht aufnimmt
und euch nicht hören will, dann geht weiter
und schüttelt den Staub von euren Füßen, zum Zeugnis gegen sie.

Aus dem Staub

Geh fort
von dort
wo dir alle Türen versperrt sind
kein Wort von dir durchdringt
die Sicht vernebelt ist
die Luft zum Atmen fehlt
schüttle dich
und mache dich auf den Weg
ohne auch nur ein Körnchen Staub
ohne auch nur ein Körnchen Unwahrheit
von dort nach hier
mitzunehmen

Ute Elisabeth Mordhorst

Mk 6,30–34
Sie fuhren mit dem Boot in eine einsame Gegend, um allein zu sein.

Neige dich mir zu große Brücke

Neige dich mir zu
große Brücke
Lass deinen Blick
auf mir ruhen
reiche dich
von deinem Ufer
herüber zu mir
führ mich
über das Wasser
ins Leben
zu dir

Ute Elisabeth Mordhorst

Lass Wege finden

Wenn Sonne sich der Nacht nun schenkt
der Mond statt ihr die Zeiten lenkt
Lass Not des Tag's vorübergeh'n
im Traum schon uns're Zukunft seh'n

Das Reich, das Tränen nie mehr kennt
den Tod nicht mehr beim Namen nennt
nur volles Leben ohne End'
nicht Angst, nicht Leid, nicht Sonnenwend'

Lass Wege finden, die nicht irr'
dem Bösen gib kein offen Tür
das Chaos gebe Kosmos Raum
Du, Schöpfer, halte es im Zaum

Gott Vater gib den Segen du
Lass schlafen uns in tiefer Ruh'
Gott Sohn steh' uns im Dunkel bei
sprich, Heil'ger Geist, von Sünden frei

Herbert Jung

(Für Melodie Gotteslob 342)

Joh 6,1–15
Dann nahm Jesus die Brote, sprach das Dankgebet
und teilte an die Leute aus, so viel sie wollten;
ebenso machte er es mit den Fischen.

Wunder

Wunder
gäb es immer wieder
sang einst
die Ebstein
uns entgegen

Doch wo
so fragen viele

steht irgendwo
ein Toter
noch auf

Wo werden
hungrige Fünftausend
satt von nur fünf Broten

Gibt's Winzer
deren Wasser
Wein geworden

Das fragen viele
immer noch
und glauben
deshalb nicht

Wird's denn gelingen
den Zweifler zu bekehren
wenn solche Wunder
heute – gerade jetzt –
uns gewirkt

»Wenn aber der Menschensohn
kommt
wird er dann noch Glauben finden?«

Herbert Jung

Tischgebet

Gott
da wir nun
das Brot brechen
brich du *dich*
auf zu uns

Da wir nun
das Brot brechen
wollen auch wir *uns*
aufbrechen zu dir

Gott, du Heilsame
da wir nun
das Brot brechen
Lass uns zueinander aufbrechen
heilsame
Wandlung erfahren durch dich

Ute Elisabeth Mordhorst

18. Sonntag im Jahreskreis B

Joh 6,24–35
Wer zu mir kommt, wird nie mehr hungern,
und wer an mich glaubt, wird nie mehr Durst haben.

Brot

Brot
bin ich
für viele
lass mich
verzehren
von denen
die Hunger
nach mir

Fünftausend
wurden damals
gut satt

Brot
bin ich
für viele
lass mich
verschenken
an Gute und Böse

Auch Judas
war bei Ihm
Gast

Brot
bin ich
für viele
lass mich
zertreten
fürs Leben
der Anderen

Lösegeld
ist Er
dem Volk

Herbert Jung

1 Kön 19,4–8
Dort setzte sich Elija unter einen Ginsterstrauch
und wünschte sich den Tod.

Himmel verloren

Himmel verloren
den Engel gesehen
der mir im Weg

Zurück –
er geschrien –
gibt es
nicht mehr
geh'
aber wohin

Kraftlos wartet
der kraftvoll
von Zukunft geredet

Ein Strauch
voller Ginster
mit Blüten verwöhnt
Geschenk an Elijas
der müde des Weges

Er zeigt sich
dem Auge
– ihn suchend –
noch nicht

Nur dieses »geh«
verwundert das Ohr

Herbert Jung

Morgenbrot

Ich saß am langen Tisch
der Nacht
allein
vor einem leeren Teller
und hoffte, dass ein Licht
einfällt
in den gedankendunklen Keller
Ein Licht und Morgenbrot

Du setztest dich zu mir
und teiltest meine tiefe Not
Und legtest auf den Teller
von dir
ein Wort
Da überwanden wir den Tod

Ute Elisabeth Mordhorst

Joh 6,51–58
Ich bin das lebendige Brot, das vom Himmel herabgekommen ist.
Wer von diesem Brot isst, wird in Ewigkeit leben.

Lebendiges Brot

Da stiehlt einer im Supermarkt
einen Laib Brot
zwei Männer führen ihn ab
wie einen Schwerverbrecher
und die Menge steht und gafft und empört sich
und ich greife nicht ein, ich schweige
statt zu sagen
behandelt ihn nicht wie einen Schwerverbrecher
die Männer drehen ihm den Arm auf den Rücken
und stoßen ihn vor sich her
die Leute recken die Hälse und schütteln die Köpfe

Ja, so ein Dieb ist ein gefundenes Fressen für uns
so hungrig auf Sensation
so satt, den Mund aufzumachen
Wie nötig wir dich haben, Christus,
lebendiges Brot
damit es uns nicht mangelt
an Zivilcourage
Mitgefühl und Diskretion

Da hatte einer im Supermarkt
einen Laib Brot gestohlen,
aber an dem Tag waren wir alle zu Dieben geworden
hatten uns unserer Würde beraubt
davongestohlen aus einem mitmenschlichen Füreinander

Wie nötig wir dich haben, Christus, lebendiges Brot
damit es uns nicht am Lebensnotwendigen mangelt

Ute Elisabeth Mordhorst

Eph 5,21–32
Ihr Frauen, ordnet euch euren Männern unter wie Christus, dem Herrn; denn der Mann ist das Haupt der Frau …

Frauenlos

Wenn sie den Schleier ablegt,
was ist die Frau?
Würde los. Schutz los. Wert los?
Wenn sie den Schleier ablehnt,
wie gewalt-frei
kann sie entscheiden?
Was immer sich unter dem Deckmantel
von Freiheit, Schutz und Würde abspielt:
Die Würde der Frau ist noch immer nicht
gleich der Würde des Mannes.
Die Freiheit der Frau ist noch immer nicht
gleich der Freiheit des Mannes.
Alles andere ist
Verschleierung der Tatsachen

Ute Elisabeth Mordhorst

Joh 6,60–69
Simon Petrus antwortete ihm: Herr, zu wem sollen wir gehen?
Du hast Worte des ewigen Lebens.

Lebendige Sprache

Es gibt Menschen
die finden
mutige Worte
mahnende Worte
wahre Worte
bewegende Worte
geistreiche Worte
klärende Worte
gut gemeinte Worte

Wir Menschen lauschen Worten
aus berufenem Munde
von alten Weisen
aus Kindermund

Wir haben Worte, die aus dem Herzen kommen
Worte, die ernst gemeint sind
Worte, die ein Leben lang gültig sind

Aber Worte ewigen Lebens
die hat kein Mensch für uns

Ute Elisabeth Mordhorst

22. Sonntag im Jahreskreis B

Mk 7,1–8.14–15.21–23
Nichts, was von außen in den Menschen hineinkommt,
kann ihn unrein machen,
sondern was aus dem Menschen herauskommt,
das macht ihn unrein.

Wohl bekomm's. – Uns und den Nächsten.

Als ich im Eingang der Frühstückshalle des Fünf-Sterne-Hotels stand und die Vielfalt der dargebotenen Speisen am Büffet sah, dachte ich, üppig, üppig und nur vom Feinsten. Ich ging zum Büffet und hatte die Qual der Wahl. Auf Scampi und Champagner hatte ich keinen Appetit. Auch nicht auf Kaviar oder Trüffel in Aspik. Zunächst wusste ich nicht, wofür ich mich entscheiden sollte. Aber es war auch viel Frisches und Gesundes dabei. Davon nahm ich.

Das Paar am Nebentisch lobte kennerisch das exquisite Essen. Sie schienen stolz auf ihren guten Geschmack. Der Mann seufzte, als habe er schwer gearbeitet. Er wolle gleich noch einmal nachnehmen, sagte er, schließlich bezahle er ja dafür.

Die Frau lachte und sagte, für die Kaloriensünden würden sie büßen müssen mit einer Hungerkur nach dem Urlaub. Während sie aßen, unterhielten sie sich lautstark. Und was sie an Meinungen von sich gaben, das war anmaßend und menschenverachtend, daran hatte ich schwer zu kauen, und das schmeckte mir nicht. Schon lag mir eine giftige Bemerkung auf der Zunge. Aber dann dachte ich »Vorsicht Falle!« und ging an einen anderen Tisch.

Viel wurde angeboten in der Frühstückshalle des Fünf-Sterne-Hotels. Vom Feinsten und vom Übelsten. Wir sollten achtsam damit sein, was wir zu uns nehmen und was wir von uns geben: ein Vollwert-Wort. Ein Wort von Wert. Ein gutes Wort. Wohl bekomm's. Uns und den Nächsten.

Ute Elisabeth Mordhorst

Mk 7,31–37
Jesus sagte zu dem Taubstummen:
Effata!, das heißt: Öffne dich!

Schön wie das Buntglasfenster einer Kirche

Ich wünschte, ich würde sehenden Herzens,
eine Liebende, wie du.
Dass deine Gedanken mich farbig durchfluten.
Erbarme dich meiner Blindheit.

Schön wie das Buntglasfenster einer Kirche sind
deine Gedanken.

Ute Elisabeth Mordhorst

24. Sonntag im Jahreskreis B

Mk 8,27–35
Ihr aber, für wen haltet ihr mich?
Simon Petrus antwortete ihm: Du bist der Messias!

Dafür halte ich dich

Mit meiner ganzen Seele
halte ich dich
für den Frieden
für die Liebe
für den Weg
die Wahrheit und das Leben
für das Heil der Welt.

Du umarmst
mein Sein
mit deinem schönen Geist.
Du bist mir Sinn und Ziel.
Für all das halte ich dich
mit meiner ganzen Seele.

Ute Elisabeth Mordhorst

Mk 9,30–37
Der Menschensohn wird den Menschen ausgeliefert,
und sie werden ihn töten;
doch drei Tage nach seinem Tod wird er auferstehen.

Um zu sterben ...

Hilft nichts dagegen
kein Kraut
kein Krümel
kein Arzt
hilft
kein Bitten
kein Beten

Er kommt
wann er will
dieser Tod –
schleicht übers Land
greift heimlich
heimtückisch sogar
nach Kind und
nach Greis
greift nach der Blüte
nach harmlosem Blatt
selbst ewig brennende Sonne
wird nicht verschont
geht ihrem Ende
täglich entgegen
fällt irgendwann
glanzlos ins All

Muss jeder durch
Menschensohn
wusste und
musste es auch

Herbert Jung

Belehrung

Wenn ich unterwegs bin mit dir
und du zu mir sprichst
und ich verstehe den Sinn deiner Worte nicht,
lass mich keine Scheu haben
nachzufragen.
Denn zu dir gehören, heißt: dir zuhören.

Wenn ich unterwegs bin mit dir
und du zu mir sprichst
und ich gedanklich woanders bin,
nicht mehr bei dir,
sondern einzig bei mir und meiner Sorge,
ob ich vor allem die Größte sei,
nimm den Platz ein, der dir gebührt in meinem Innersten,
ruf mich zu dir, ruf dich in Erinnerung.
Denn zu dir gehören, heißt: dir zuhören.

Kehr die Werte um, erklär mir das Siegertreppchen neu,
sag mir, dass ganz oben steht,
wer sich mit denen ganz unten
auf eine Stufe stellt.

Erklär mir den Lebens-Lauf neu.
Sag mir, dass als Erster sein Ziel erreicht,
wer die Nächsten nicht zu den Letzten macht.

Dann nimm das Kind, das ich bin
und das sich klein fühlt und so gern größer wäre als es ist,
in deinen Arm,
lass mich spüren, dass du mich liebst,
dass es nichts Großartigeres gibt,
als von dir aufgenommen zu sein
und dich aufzunehmen, Wort Gottes.

Belehre mich.
Dass ich dir nicht entgehe.

Ute Elisabeth Mordhorst

Mk 9,38–43.45.47–48
Denn wer nicht gegen uns ist, der ist für uns.

Unter uns

Unter uns, im Vertrauen:
Das Reich Gottes ist mitten unter uns.
Im Vertrauen.
Wo die Liebe wohnt.
Im Vertrauen.
Wo die Seele zur Ruhe kommt.
Im Vertrauen.
Wo Frieden ist und Sicherheit,
all das Gute, Schöne und Wahre
Gestalt annimmt unter uns.
Im Vertrauen ist das Reich Gottes gegenwärtig.
Wir müssen gar nicht weiter suchen,
es liegt bei jedem von uns.

Ute Elisabeth Mordhorst

Mk 10,2–16
Wer seine Frau aus der Ehe entlässt und eine andere heiratet,
begeht ihr gegenüber Ehebruch.
Auch eine Frau begeht Ehebruch,
wenn sie ihren Mann aus der Ehe entlässt und einen anderen heiratet.

Wegwerfgesellschaft

Kleid
schon x-mal getragen
nicht mehr modern
nun kann es weg

Sofa
längst durchgelegen
verblasst von der Sonne
Sperrmüll nimmt's gern

Pizza
schmeckt mir heut nicht
bleibt also liegen
nein, ab in die Biotonne

Frau/Mann
mit ihr/ihm auf Wolke sieben
jetzt auf der Erde gelandet
liebt sie/ihn nicht mehr

Seit wann
wirft man Menschen
zum Müll

Gebraucht sie
als Ware
die Gottes Bild
in dieser Welt
in meiner ja auch
da einst ich vergöttert
was nun ward verteufelt

Wie konnt' es geschehen
Herbert Jung

Mk 10,17–30
... dann komm und folge mir nach!

Auf dich

Auf dich verlasse ich mich.
Ich nehme Abschied von dem, was mir Heimat war
an Bindungen und Prägungen,
lieb gewonnenen Gewohnheiten,
vermeintlichen Sicherheiten.
Um deinetwillen
trenne ich mich,
von dem, was mir teuer war und nah
und fernhielt von dir.

Auf dich verlasse ich mich.
Ich ziehe fort aus den alten Gedankengebäuden
und schließe ab hinter mir.
Du gibst mir die Schlüssel
für den neuen, ewigen Bund
und ich gebe mich dir, ohne mich aufzugeben,
löse mich, ohne mich aufzulösen,
verliere, um neu zu empfangen, hundertfach.

Vieles wird mir nachgehen,
manches wird mich verfolgen
und was ich verloren glaubte,
wird mir in anderer Weise begegnen.
Aber letztendlich will ich zuallererst
auf dich hin mein kommendes
Leben ausrichten.

Ich verlasse mich. Auf dich.
Weißt du?
Ja, du weißt.

Ute Elisabeth Mordhorst

29. Sonntag im Jahreskreis B

Mk 10,35–45
... den Platz zu meiner Rechten
und zu meiner Linken habe ich nicht
zu vergeben; dort werden die sitzen,
für die diese Plätze bestimmt sind.

Mich hast du doch am liebsten

Wir waren eine kinderreiche Familie
Jeden Abend vor dem Schlafengehen
kam meine Mutter zu meinen Geschwistern
und mir ans Bett
um mit uns ein Abendlied zu singen
und zu beten
und uns einen Gutenacht-Kuss zu geben
Das waren die Highlights des Abends

Wenn sie sich zu mir hinunterbeugte
um mir auf die Wange zu küssen
schlang ich jedes mal meine Hände um ihren Hals
und flüsterte ihr ins Ohr
»Nicht, Mutti? Mich hast du doch am liebsten?«

Und ihre Antwort lautete jedes Mal
»Ihr seid alle meine Kinder.
Jedes von euch hab ich am liebsten.«

Als ich größer war, verriet sie mir,
dass nicht nur ich sie Abend für Abend gefragt hatte:
»Nicht, Mutti? Mich hast du doch am liebsten?«,
sondern jedes ihrer Kinder.

Und allen hatte sie dieselbe Antwort gegeben.
»Ihr seid alle meine Kinder. Jedes von euch hab ich am liebsten.«

Ob wir mit der Antwort zufrieden waren?
Ich weiß nicht so recht.

Ute Elisabeth Mordhorst

Mk 10,46–52
Und Jesus fragte ihn: Was soll ich dir tun?
Der Blinde antwortete: Rabbuni, ich möchte wieder sehen können.

Blind date

Auf beiden Augen blind
oder zumindest auf einem
Auf dem halben Herzen blind
Unfähig tiefer zu sehen
etwas anderes zu sehen
als nur die eine Hälfte der Menschheit

Da muss einer schon sehr wollen
wirklich sehen wollen
gegen den Strom ansehen wollen
sein Herz öffnen

Da muss schon fast ein Wunder geschehen
dass das möglich wird
Da muss schon einer von vielen
ein Blind date mit Jesus haben

Ute Elisabeth Mordhorst

Mk 12,28b–34
Darum sollst du den Herrn, deinen Gott, lieben mit ganzem Herzen
und ganzer Seele, mit all deinen Gedanken und all deiner Kraft.
Als Zweites kommt hinzu: Du sollst deinen Nächsten lieben wie dich selbst.
Kein anderes Gebot ist größer als diese beiden.

Gott, du Liebe

Gott, du Liebe.
Wie gut du mir tust.
Du machst mein Leben hell und weit und schön.
Gott, du Liebe.
Wie gut du mir bist.
Gib, dass auch ich eine Liebende bin.
Gib, dass auch ich anderen Menschen guttue.

Ute Elisabeth Mordhorst

Mk 12,41–44
Diese arme Witwe hat mehr in den Opferkasten hineingeworfen als alle andern.

Mit dem Letzten, das ich besaß

Wahrhaftig,
ich hatte im Überfluss.
Dann verlangte das Leben mir alles ab
und du legtest dich mir
in die zitternden Hände,
Wort Gottes.

Da gab ich mich dir
bangen Herzens
zur Frage
mit dem Letzten, das ich besaß.
Und du gabst dich mir
leise zur Antwort. Leise.

Da neigte ich mein Ohr
und hörte.
Und hörte
zu zittern auf.

Mit dir
Wort Gottes
erfüllt sich mein Sein.

Ute Elisabeth Mordhorst

Mk 13,24–32
Dann wird man den Menschensohn mit großer Macht und Herrlichkeit auf den Wolken kommen sehen.

Es kommt ein Schiff, geladen

Das Schiff, das kommt,
segelt auf einem Sonnenmeer.
Es kommt von ganz weit her
und sicher zieht es seine Bahnen.
Ich kann es beinah ahnen.

Im Sonnenmeer
steht eine hohe Lichtgestalt
und schweigt.
Die Arme ausgebreitet
in die Ewigkeit,
ihr Fuß ankert auf Erden.
Ich kann sie beinah hören.

Das Schiff, es kommt
vom Sonnenmeer,
wo keine Wolke ist noch Regen.
Kommt, die wir hier gestrandet sind,
kommt, gehen wir ihm entgegen

Ute Elisabeth Mordhorst

Lesejahr C

Vom Fischfang
Ängstliches Unter-Fangen
sich unbedingt
jemanden angeln
zu wollen
der einen liebt
Dabei im Trüben zu fischen
und nicht recht zu wissen
wo es sie gibt
Liebe in Fülle

Du fährst mit uns
aufs Meer
Nur raus
aus den gewohnten Ängsten!
und über unsern Horizont hinaus
den oftmals sehr begrenzten
Du steigst in unser Lebensboot
getauft auf deinen Namen
du weißt aus welcher Not
aus welcher Nacht wir kamen
Du heißt uns
in den neuen Tag
all unsere Sehnsucht legen
vom Grunde deiner Liebesfülle
die wahre Liebe heben
Ute Elisabeth Mordhorst

Joh 2,1–11
So tat Jesus sein erstes Zeichen, in Kana in Galiläa,
und offenbarte seine Herrlichkeit, und seine Jünger glaubten an ihn.

Wunder von damals

Wenn's Wunder
wirklich geschehe
jetzt
vor unseren Augen

Dem Tauben
die Ohren geöffnet
die Zunge gelöst

Krüge voll Wasser
verwandelt in Wein
wie auch immer geschehen

Ein Toter
sein Grab
lebendig verlässt

Würde der Glaube
an den
uns geweckt
der damals
solches bewirkt
im Namen des Gottes
der fremd uns zuweilen

Sicher der Zweifel
doch der
er kann
zum Glauben
noch werden

Herbert Jung

Lk 1,1–4; 4,14–21
Heute hat sich das Schriftwort,
das ihr eben gehört habt, erfüllt.

Längst erfüllt

Längst
schon erfüllt
Ankunft von dem
der ankommen soll
auch seine Botschaft
x-mal gehört
damals vor Ort
und heut' überall

Kurz war Er da
und lang'
ist's schon her
seitdem
nur wenig geschehen
von dem
was Er gewollt
dann auch getan

Dass Friede nun sei
Freiheit auch dem
der gefangen in vielem
Blindheit ein Ende
für den
der nichts mehr gesehen
Gnade und Lösung
für alle
die darauf gewartet

All dies
ganz selten geworden
warum

Liegt daran
dass viele
es niemals verstanden
dass Er nur begonnen
sein Werk
dann uns übertragen
in Hände von Menschen gelegt
die's gerne vergessen
nun also
weiterhin warten

Herbert Jung

4. Sonntag im Jahreskreis C

Lk 4,21–30
Sie sprangen auf und trieben Jesus zur Stadt hinaus ...
Er aber schritt mitten durch die Menge hindurch und ging weg.

Schlimm ergangen

Als nichts mehr ging,
drehte ich mich um
und ging.
Und ließ sie stehen.
Da tat ich eine Kehrtwende
und orientierte mich neu.

Als nichts mehr ging
ging ich meines Weges und ließ sie
gar nicht so einfach
stehen.
Liebe
Entfernte.
Verwandte.

Ute Elisabeth Mordhorst

Lk 5,1–11
Da sagte Jesus zu Simon: Fürchte dich nicht!
Von jetzt an wirst du Menschen fangen.

Gefangen

Ins Netz
möchte' ich nicht
gefangen werden
von Menschen
niemals –

Voll Rätsel
dieser Vergleich
da Freiheit
stets dir ein Wert

Du warst's doch
der einst
es gerufen
dein Volk
und es befreit
aus Pharaos
drückender Hand

So war's gewollt
von dir
und Jakobs Begehr

Und nun
diese Rede
Menschen zu fangen ...
schwer zu verstehen

Ich mag sie
gar nicht
diese Worte
von dir

Es sei denn
ein Netzwerk
zu knüpfen
das war gemeint

Herbert Jung

6. Sonntag im Jahreskreis C

Lk 6,17.20–26
Selig, ihr Armen,
denn euch gehört das Reich Gottes.

Zeit-los selig

Diese Zeit
JETZT
Wo die einen hungern und die anderen satt sind
Wird es nicht mehr geben

Es wird ein Tag anbrechen
Der ewig ist
Und der den Jetzt-Zustand nicht mehr kennt
und alle, die ihn herbeigeführt haben
Weh ihnen

Ute Elisabeth Mordhorst

Lk 6,27–38
Dem, der dich auf die eine Wange schlägt, halt auch die andere hin,
und dem, der dir den Mantel wegnimmt, lass auch das Hemd.

Totale Ent-rüstung

Jesus,
deine entwaffnende Liebe
ruft meine totale Ent-rüstung
hervor

Du reichst mir die Hand
und heißt mich aussteigen
aus meiner gepanzerten Herzlimousine
mit der ich mich bislang
durch mein Leben bewegte

Und ich folge dir
Sprachlos

Du lächelst und heißt mich
die Bodyguards wegschicken
die mich umgeben
Die Angst einflößenden
abschreckenden Bodyguards

Und ich folge dir
sprachlos

Jesus,
deine entwaffnende Liebe
ruft meine totale Entrüstung
hervor
Kann es sein
dass mich nichts so sicher macht
wie deine entwaffnende Liebe?

Ute Elisabeth Mordhorst

8. Sonntag im Jahreskreis C

Lk 6,39–45
Wovon das Herz voll ist,
davon spricht der Mund.

Mein ungesättigtes Herz

Mein Herz, ich krieg mein Herz nicht voll genug von dir.
Mein Herz.
So oft ich von dir nehme,
du sinnst mich nicht satt.
So oft ich von dir trinke,
du verdürstest mich.
Wie ein Becher ohne Boden ist mein Herz.
Unersättlich ist meine Freude an deinem Wort.
Ich kann mich nicht sattsinnen daran.

Ute Elisabeth Mordhorst

Lk 7,1–10
Nicht einmal in Israel habe ich einen solchen Glauben gefunden.

Hauptmann

Von vielen Männern ist in der Bibel die Rede
doch wenn vom Hauptmann die Rede ist
dann ist es der, der Jesus in Erstaunen setzt
wegen seines großen Glaubens
dann ist es der, der Jesus
in seinem innersten Wesen erkannt hat.

Das ist der Hauptmann in der Bibel.
Ute Elisabeth Mordhorst

10. Sonntag im Jahreskreis C

Lk 7,11–17
Da richtete sich der Tote auf und begann zu sprechen,
und Jesus gab ihn seiner Mutter zurück.

Aus deinem Licht

In die innerste Mitte
meiner Seele
atmest du deinen Namen wie ein Gebet.
Dann gebe ich mich ganz in dein Wort
und du lässt mich befreit
aufbeten aus deinem Licht.

Ute Elisabeth Mordhorst

Ein neues Lebensja

Leib
Haftig
Ausatmen
Und
Ja sagen
So ist das
Nun
Ein Mal
Im Leben

Ute Elisabeth Mordhorst

Lk 7,36–50
Ihr sind ihre vielen Sünden vergeben,
weil sie mir so viel Liebe gezeigt hat.

Was gäbe ich dafür

Was gäbe ich dafür,
wenn ich dir geben dürfte,
was du zum Leben und zum Lieben
brauchst von mir,
zum Glücklichsein,
und mehr als Hoffnungsschimmer
möchte ich Hoffnungsbringer sein.

Was gäbe ich dafür.
Und du bereicherst mich,
indem du von mir nimmst
und dich beschenken lässt
mit dem, wovon ich gar nicht wusste,
dass ich es in dem Maße je besaß
und dass es mir zum Reichtum wird
je mehr ich es
an dich
verlieren darf.

Was gäbe ich,
wenn nicht die Liebe,
die du mit deiner Liebe
in mein Leben rufst.

Ute Elisabeth Mordhorst

12. Sonntag im Jahreskreis C

Siehe 24. Sonntag im Jahreskreis Lesejahr B

13. Sonntag im Jahreskreis C

Lk 9,51–62
Keiner, der die Hand an den Pflug gelegt hat und nochmals zurückblickt, taugt für das Reich Gottes.

Wer kann folgen?

Gottmutter, du Lebendige
Du Erdreiche, Himmelsreiche
Du hast uns deinen Sohn geschickt
Dein Reich zu verkünden
Und wie viele hält es ab, ihm zu folgen
weil sie Zeit brauchen
den Vater zu begraben
den sie an ihrer Stelle
an deine Stelle setzten
Ute Elisabeth Mordhorst

14. Sonntag im Jahreskreis C

Lk 10,1–12.17–20
Die Ernte ist groß, aber es gibt nur wenig Arbeiter.
Bittet also den Herrn der Ernte, Arbeiter für seine Ernte auszusenden.

Aussendung

Wehender Wind
reicht nicht mehr aus
Nachricht zu tragen
von dir
in weite Welt

Lied deiner Vögel
reicht nicht mehr aus
Nachricht zu tragen
von dir
in weite Welt

Rauschen der Meere
reicht nicht mehr aus
Nachricht zu tragen
von dir
in weite Welt

Braucht jetzt noch
Boten
Menschen, die weitererzählen
dass nicht der Tod
den Kampf hier auf Erden
gewinnt
sondern das Leben
und Du
der sie gewollt
Fülle
die reich überfließt

Herbert Jung

15. Sonntag im Jahreskreis C

Lk10,25–37
Als er ihn sah, hatte er Mitleid, ging zu ihm hin,
goss Öl und Wein auf seine Wunden und verband sie.
Dann hob er ihn auf sein Reittier, brachte ihn zu einer Herberge
und sorgte für ihn.

Barmherziger Samariter
(Zu-neigung)

Hingestreckt
Nackt
Ausgeplündert
Unter die Räuber gefallen
Erniedrigt und bedrängt
Ins Abseits
In Vergessenheit
In Not geraten

Gott, meine Mutter
deine Zu-neigung
gilt den gestrauchelten Menschen

Gott, meine Mutter
wenn ich meine liebe Not habe
mit meinen »gefallenen« Mitmenschen
gib mir ein Herz
das dir einen Dienst erweist
Lass mich
Notdienst leisten
wo die Not am nächsten ist

Ute Elisabeth Mordhorst

Lk 10,38–42
Maria setzte sich dem Herrn zu Füßen und hörte seinen Worten zu.

Gastfreundschaft

Was braucht es
wenn Gast unerwartet
vor meiner Tür

Ein Staunen –
ganz sicher
ein Fragen –
bei mir
was biete ich an
dem, der vor mir
nun steht
Platz
sich zu setzen
ein Bissen
gegen den Hunger
ein Trank
gegen den Durst

Von alledem nichts
nur die Nähe
des Du
sie ist Ihm wichtig
der gerne zu Gast
bei den Menschen
der Rest
störend
steht er dazwischen

Herbert Jung

Lk 11,1–13
Wenn ihr betet, so sprecht:
Vater, dein Name werde geheiligt.

Vaterunser

Mutter
die Anrede
sie wäre mir lieber
ehrlich gesagt
weil Mutter mir näher
schon immer gewesen
da sie mich genährt

Was hat ihn bewogen
den Israel
Jahwe geheißen
einfach Vater zu nennen

Zudem
ist's Missachtung
Verstoß
gegen göttlich Gebot

Dort
steht's geschrieben
kein Bild ist zu malen
von dem
der über den Himmeln
seit Ewigkeit thront
weder in Farbe
noch in Stein
nicht in Gedanken

Was hat ihn bewogen
trotzdem von Gott
als seinem Vater
zu reden

Manch einer
wehrt sich dagegen
weil Mütter
die Söhne
nicht hängen lassen
am Kreuz

Herbert Jung

Lk 12,13–21
Denn der Sinn des Lebens besteht nicht darin,
dass ein Mensch aufgrund seines großen Vermögens im Überfluss lebt.

Du Fülle

Du Fülle
Du füllst mir das Herz
Du Weisheit
Du weist mir den Weg
Du Gnade
begnadigst mich immer aufs Neue
Du Treue betreust mich
zu bleiben
in Treue
Du richtest mich auf
Du begradigst
vollendest mein Leben

Ute Elisabeth Mordhorst

19. Sonntag im Jahreskreis C

Lk 12,32–48
Denn der Menschensohn kommt zu einer Stunde,
in der ihr es nicht erwartet.

Eingeladen

Tisch
schon gedeckt
Platz reserviert
denn in seine Hand
mein Name geschrieben

Werde bedient
Engel tun's gern
noch lieber Er
der feinste Speisen
mir reicht
mit köstlichem Wein
meine Zunge verwöhnt

Spiel auf der Harfe
vom Cherub gelernt
öffnet mir Ohren
lädt da zum Tanz
Blüte von Rosen
Lavendel, Jasmin
erstaunt meine Augen
ihr Duft
mir die Sinne berauscht

Ich freu' mich
aufs Ende
wenn solches
ich lese
nein
auf den Anfang
bei dir Herr
im Reich deiner Himmel

Herbert Jung

20. Sonntag im Jahreskreis C

Siehe 22. Sonntag im Jahreskreis Lesejahr A

21. Sonntag im Jahreskreis C

Lk 13,22–30
Wenn der Herr des Hauses aufsteht
und die Tür verschließt,
dann steht ihr draußen ...

Da haben Menschen ein Haus gebaut

Da haben Menschen ein Haus gebaut
einen Palast mit verschlossenen Fenstern und engen Türen
durch die nur wenige hineingelassen wurden

Und eines Tages wird die Hausherrin kommen
und aufstehen
Und die Tür von außen verschließen
Und die Menschen drinnen werden heulen
und mit den Zähnen knirschen
und die Menschen draußen werden zu Tisch gebeten
draußen an der frischen Luft
in Gottes freier Natur
ihrem Reich
das viel größer und weiter ist
als ein von Menschen gebautes Haus

Ute Elisabeth Mordhorst

Lk 14,1.7–14
... setz dich auf untersten Platz;
dann wird der Gastgeber zu dir kommen und sagen:
Mein Freund, rück weiter hinauf!

Teure Damen und Herren von Welt

Teure Damen und Herren von Welt
mit dem Herrendenken der Welt,
überschätzen Sie nicht
Ihren Reichtum
an Wissen, Macht, Schönheit und Geld.
Kaufen Sie von dem im Feuer
geläuterten Gold.
Bezahlen Sie einfach
mit all Ihrem Hochmut,
mit all Ihrem Stolz.
Teure Damen und Herren von Welt
mit dem Herrendenken der Welt,
Vergebung,
wie viel haben Sie übrig
für Liebe, Erbarmen und Demut,
wie viel haben Sie übrig
für unseren Herrn?
Arme Damen und Herren von Welt
mit dem Herrendenken der Welt,
Ihre Herzen aus Stein,
Ihre spöttischen Mienen,
was bleibt wohl von ihnen?
Die Herren der Welt gehen.
Unser Herr kommt.
Hat ein wirklich Großer gesagt.

Ute Elisabeth Mordhorst

Lk 14,25–33
Keiner von euch kann mein Jünger sein,
wenn er nicht auf seinen ganzen Besitz verzichtet.

Lerne das Lassen

Lerne das Lassen
gib deiner Träne
frei ihren Lauf

Und zeige dem Auge
die Ferne
wenn dunkelnd
der Tag sie verlässt

Spür' deinen Schmerz
denn »lassen« tut weh
erinnert an Tod
der jetzt schon geahnt

Schenke dir Zeit
Tage gar Wochen
wer weiß

Und geh' in den Nebel
der dich umwebt
doch Zukunft schon birgt
ganz noch geheim

Trau' deinem Fuß –
tritt fest auf die Erde
und spüre:
Sie hält
und Er hält
dich auch

Herbert Jung

24. Sonntag im Jahreskreis C

Lk 1,15–32
Im Himmel herrscht Freude
über einen einzigen Sünder, der umkehrt.

Verloren und wiedergefunden

Verletzlich bin ich und verloren ohne dich.
Geh mir nach
in Psalmen, Worten und Gesängen.
Geh mir so lange nach
bis ich mich wieder gefunden habe in deinem Frieden.
Von deiner Gegenwart
will ich mich immer wieder einholen lassen.

Ute Elisabeth Mordhorst

Lk 16,1–13
Ihr könnt nicht beiden dienen,
Gott und dem Mammon.

Glasklar

Scharf formuliert
zumindest von Lukas
ist sicher von Dir, Herr
und wörtlich zitiert
da klar diese Botschaft
es geht nicht
geht gar nicht
zusammen
das Geld und ein Gott

Doch beides ist da
wird auch benötigt
dringend sogar
damit uns
der Alltag gelingt

Geld für das Brot
fürs Dach überm Kopf

Gott für den Halt
und die Sehnsucht nach mehr

Wie nun versöhnen
was versöhnlich nicht klingt

Kann's sein
dass du nur eines
uns sagen willst
setz deine Hoffnung
nicht auf das Geld –
macht gierig und versklavt

Sondern auf Gott
aber ist der denn verlässlich
manch einer
sagt nein
Gott sei Dank
sagen viele auch Ja

Herbert Jung

26. Sonntag im Jahreskreis C

Lk 16,19–31
Es war einmal ein reicher Mann,
der sich in Purpur und feines Leinen kleidete
und Tag für Tag herrlich und in Freuden lebte.
Vor der Tür des Reichen aber lag ein armer Mann namens Lazarus …

Lazarus

Es liegt immer
eine oder einer
vor unserer Haustür
mit offenen Wunden
über die wir großzügig hinwegsehen
leichtfertig hinweggehen
Wir, die wir uns so gern
große Sprünge leisten
über das Elend
anderer hinweg

Unsere Türschwelle
Für sie die Schwelle zum Tod

Es liegt immer
eine oder einer
vor unserer Haustür
mit offenen Wunden
Lazarus
Wir leisten uns große Sprünge
Über dein Elend hinweg
Und landen irgendwann im tiefen Graben
der zwischen uns und Gott entsteht

Ute Elisabeth Mordhorst

Lk 17,5–10
Wäre euer Glaube auch nur so groß wie ein Senfkorn!

Mehr als alle

Gott, große Güte,
ein unreifes Kind bin ich.
Immer wieder fordere ich
dich heraus.

Immer wieder möchte ich von dir
zu sehen und zu hören bekommen,
dass du mich liebst.

Dabei bekomme ich so viel von dir
zu sehen und zu hören.
Überall in meinem Leben hinterlässt du deine Spuren.

Gott, ich glaube,
du willst dich nicht herausfordern lassen von mir.
Ich glaube, du möchtest, dass ich dich hereinbitte zu mir.
Dich und dein Wort.

Dass da eine ist in meinem Herzen, die mehr ist als alle.
Ute Elisabeth Mordhorst

28. Sonntag im Jahreskreis

C

Lk 17,11–19
Ist keiner umgekehrt, um Gott zu ehren,
außer diesem Fremden?

Fremd anmutend

Es reicht eben nicht
zu den Priestern zu gehen
und sich zu zeigen

Es braucht eben echte Umkehr
zu Gott unserer Mutter
und ihrem Sohn Jesus

Was vielen fremd anmutet
Ute Elisabeth Mordhorst

Lk 18,1–8
Sollte Gott seinen Auserwählten, die zu ihm schreien,
nicht zu ihrem Recht verhelfen?

Bitten

Gott, ich will
mich aufmachen
und zu dir gehen
an deine Tür klopfen
und dich bitten
und sei es noch so spät.
Wenn ich vor dich trete
endet die Nacht
und die Hoffnung bricht an.

Meinen Bitten verschließt du dich nicht.
Bei dir darf ich eintreten
für andere und mich.
Was ich brauche, bekomme ich von dir.

Gott, ich will
dich aufsuchen
an deine Tür klopfen
und dich bitten:
Lass mich eingehen in deinen göttlichen Willen
leben aus deinem Heiligen Geist.

Dann findet sich alles für mich.
Ute Elisabeth Mordhorst

30. Sonntag im Jahreskreis C

Lk 18,9–14
Der Zöllner aber blieb ganz hinten stehen
und wagte nicht einmal, seine Augen zum Himmel zu erheben ...

Also bist du doch ... Nackt und bloß

Gott, meine Mutter.
Weiter habe ich nichts zu sagen als dieses Gebet
Mich.
Mehr habe ich nicht vorzubringen.
Höre mich an und
hab Erbarmen mit mir.
Nackt und bloß
steht meine Seele vor dir.
Mehr kann ich dir nicht sagen als unverhüllt mich selbst.
Ute Elisabeth Mordhorst

31. Sonntag im Jahreskreis C

Lk 19,1–10
Der Menschensohn ist gekommen,
um zu suchen und zu retten, was verloren ist.

Über Grenzen

Jahrelang arbeitete ich beim Zoll,
am Grenzübergang zwischen schwarz-weißem Denken.

Wollte jemand auf die Seite,
die nicht meine war, kam ihn das teuer zu stehen.
Er bezahlte mit seiner Freundschaft,
ich drückte ihm einen Stempel auf
und entließ ihn aus meinem Leben.
Die Schranke fiel.

In jener Zeit sah Jesus mich,
er sah, dass ich meiner Grenze zum Opfer fiel,
und sprach mich an.
Folge mir nach, sagte er und wies mich aus meinen Schranken.
Da stand ich auf und ging über meine Grenze hinaus
und ging auf Jesu Liebe ein
und machte den Weg frei für ihn
und er ließ die Gnade passieren.

Jetzt, wo ich mich nicht mehr
in engen Grenzen bewege,
kann ich Jesus folgen
und barmherziger sein
mit mir und anderen.

Ute Elisabeth Mordhorst

Lk 20,27–38
Er ist kein Gott von Toten, sondern von Lebenden;
denn für ihn sind alle lebendig.

Trauer

Kein Weg
führt dran vorbei
an diesem Tod
holt sich
das Kind und
den Greis
stört alles Leben
zerstört es sogar

Lachend trägt
er den Sieg
noch immer davon

Niemand das
Handwerk ihm
jemals gelegt
außer dem einen
und der kam
an ihm auch nicht
vorbei –

Bleiben uns
Ohnmacht und Zorn
und diese Nachricht
die Tränen trocknen uns will
dass Jahwe
sein Name schon immer
kein Gott der Toten –
nur solche, die leben
Er kennt

Staunen darüber
noch heute

Herbert Jung

Lk 21,5–19
... und am Himmel wird man gewaltige Zeichen setzen.

Und am Himmel gewaltige Zeichen

Weit hinausgefahren
auf den offenen Himmel unserer Straßen
war das Rettungsschiff.

Vor dem Bug
ein goldglänzender Engel,
freifliegend,
nach Art einer Galionsfigur,
bahnte er sich und dem Dreimaster
einen Weg durch die reiz-überflutete Welt.

Über die Reling gelehnt,
und in eine weiße Wolke gehüllt,
streckte der Steuermann die Hand nach uns aus.

Aber wir Flüchtige sahen nicht.
Keine Gefahr, keine Rettung.
Auch an diesem Tag
ertranken wieder viele von uns
in der untiefen Leere des Mainstreams.
Leblos trieben unsere Körper
auf seiner Oberfläche.

Ute Elisabeth Mordhorst

Herrenfeste im Jahreskreis

Speisung

Gott sei Dank
war da einer in unserer Mitte,
der uns wieder näher zusammenrücken ließ
als wir vor dem Nichts standen
vor dem Nichts außer der Angst
und dem Hunger
und der Kälte.

Gott sei Dank
war da einer,
der uns sagte:
Es ist gar nicht so wenig da
wie ihr denkt.
Es ist nicht wenig, was ihr teilen könnt.

Und tatsächlich
war auf einmal viel mehr da als wir geglaubt hatten.

Viel mehr Liebe, viel mehr Hoffnung, Mut und Zuversicht.
Und von allem gaben wir einander.
Und alles, was wir uns gaben, speiste sich aus seinem Wort.
Ute Elisabeth Mordhorst

Sonntag nach Pfingsten – Dreifaltigkeitssonntag – Hochfest

Joh 3,16–18
Gott hat seinen Sohn gesandt, damit die Welt durch ihn gerettet wird.
Mt 28,16–20
Tauft sie auf den Namen des Vaters und des Sohnes und des Heiligen Geistes!
Joh 16,12–15
Alles, was der Vater hat, ist mein.
Der Geist wird von dem, was mein ist, nehmen und es euch verkünden.

Du Dreie

Du Wahrheit in einer Dreie
Selbstdritte
Du Große Entscheidungsfreie
Liebe selbstmitte
Du mütterliche Erde
Du Schöpferische Werde
Du Eine und Alle zugleiche
Du geistreine Schöne
Du Himmelsweltreiche
Ute Elisabeth Mordhorst

Fremd uns

Fremder
und Freund
nicht zu verstehen
für deine Menschen
die du gewollt

Sprich doch
mit uns
nimm
solche Worte
die unsere Ohren
dann auch verstehen –
Du selbst
hast einst
sie gebildet

So sei uns nahe
Du der dreifaltig
dort
über den Himmeln
jetzt thront

Herbert Jung

Donnerstag nach dem Dreifaltigkeitssonntag – Fronleichnam-Fest

Joh 6,51–58
Wer mein Fleisch isst und mein Blut trinkt, hat das ewige Leben,
und ich werde ihn auferwecken am Letzten Tag.
Mk 14,12–16.22–26
Das ist mein Blut, das Blut des Bundes, das für viele vergossen wird.
Lk 9,11b–17
Und alle aßen und wurden satt.
Als man die übrig gebliebenen Brotstücke einsammelte,
waren es zwölf Körbe voll.

Wo zu Hause

Wo sein Zuhause
von dem wir gut reden
zu dem wir auch beten

Kindermund fragt es
gar oft
und Finger zeigt
dann nach oben
wortlos die Antwort
auf Neugier der Kleinen

Nur heute
so kann ich sagen
da ist er unten
wo Menschen
in ihre Mitte ihn nehmen
gar feierlich tragen
als kleines Brot
weil er nicht mächtig
nicht beherrschen uns will

nein, einer
der dient
der nährt
und gut tut der Seele
dem Leibe wohl auch

Wir aber
haben zum Fressen
ihn gern

Herbert Jung

Seht

Seht
welch ein Mensch
hat er gesagt
Pilatus
Statthalter von Rom
und sie schrien
hinweg jetzt
mit ihm

Seht
welch ein Brot
singen sie
heute
und sperren ihn ein
hinter Glas
und in Gold

Zum Verzehr
nicht geeignet

Anscheinend

Herbert Jung

In unsrer Mitte

Wie bist du zugegen
wie denn in unserer Mitte

Wie bist du zugegen
wie denn in unserer Mitte
heute wie damals
da über den Cherubim
du ewig schon thronst

Wie bist du zugegen
wie denn in unserer Mitte
heute wie damals
da Bilder von dir
du uns verweigert
Mose uns davon erzählt

Wie bist du zugegen
wie denn in unserer Mitte
heute wie damals
als Wolke, als Feuer
wie es dein Volk
beim Wandern durch Wüste erlebt

Wie bist du zugegen
wie denn in unserer Mitte
heute wie damals
als Wind
der den Propheten
zärtlich umwarb

Wie bist du zugegen
wie denn in unserer Mitte
heute wie damals
als Mensch, der uns begegnet –
dir doch ganz ähnlich

Wie bist du zugegen
wie denn in unserer Mitte
heute wie damals
als Flüchtling, den es zu bergen
zu nähren gar gilt
dein Sohn es gesagt
und gerne gesehen

Wie bist du zugegen
wie denn in unserer Mitte
heute wie damals
als Wort, das bewegt,
als Speise, als Trank,
die Blut sind und Leib

Wie bist du zugegen
wie denn in unserer Mitte

Herbert Jung

Freitag in der Woche nach Fronleichnam – Herz-Jesu-Fest

Mt 11,25–30
Nehmt mein Joch auf euch und lernt von mir;
denn ich bin gütig und von Herzen demütig;
so werdet ihr Ruhe finden für eure Seele.
Joh 19,31–37
... einer der Soldaten stieß mit der Lanze in seine Seite,
und sogleich flossen Blut und Wasser heraus.
Lk 15,3–7
Freut euch mit mir; ich habe mein Schaf wieder gefunden,
das verloren war.

Muss das

Muss das
jetzt sein
Frage
hinreichend bekannt
wird zuweilen
auch laut
ans Ohr
des anderen gebracht

Macht aber Sinn
auch zwischendurch
so zu fragen
nicht erst
wenn Druck
auf uns lastet
ein Joch
den Tag uns erschwert

Muss das
jetzt sein

Leben verlangt es
nun mal
sagen die einen
und in der Tat
Termine
sind nicht zu verschieben

Wer sagt das denn
frage ich
gerne zurück
denn Leben
es kann auch
ganz anders
vor allem
wenn wir
uns trauen
zu leben
nach dessen Gesetz
er Menschen
als Sklaven nicht will
Ruhe uns schenkt
ein Joch
das nicht drückt

»Muss«
muss nur sein
wenn fremden Göttern
sie folgen

Herbert Jung

Hymnus Christus meine Sehnsucht

Christus
meine sehnsucht
beschützer und bewahrer
meines lebens bist du
Schönste liebe
reines licht
wahrer weg in die freiheit
die lebendige
Freude
mächtiger ewiger
Halt
gepriesen seist du
heilende erde
in mir

Ute Elisabeth Mordhorst

Letzter Sonntag im Kirchenjahr – Christkönig – Hochfest

Mt 25,31–46
Der Menschensohn wird sich auf den Thron seiner Herrlichkeit setzen,
und er wird die Menschen voneinander scheiden.
Joh 18,33b–37
Jesus antwortete: Du sagst es, ich bin ein König.
Ich bin dazu geboren und dazu in die Welt gekommen,
dass ich für die Wahrheit Zeugnis ablege.
Lk 23,35–43
Jesus antwortete ihm: Amen, ich sage dir:
Heute noch wirst du mit mir im Paradies sein.

Richten

Was war gemeint
als du es geschrieben
du Evangelist
das Wort
von dem richten

Heißt es
ein Urteil
wird fallen
ob Himmel
ob Hölle
mir Zukunft
wird sein

Das
könnte es
heißen

ODER
und das wär'
mir lieber
– ganz ehrlich gesagt –
richten
wird mir der Richter
und jedem
was krumm war
und schief
in diesem Leben

Weil Mensch sein
seit Adam
an Irrweg erkrankt
Jesaja, er deutet es so

Wem
soll ich nun glauben
am besten
doch dem
der kommt
um zu retten

Herbert Jung

Dornenkönig

Einst trug Er die Krone
aus Dornen sie war
wusste gar selber nicht
wie's ihm geschah

Ward so zum Gespött
Seiner eigenen Leut'
ist es ja immer noch
gestern und heut'

Aufs Kreuz ward Er gelegt
kein Freund Ihm jetzt nah'
Sein Gott nicht geholfen
Jahwe nicht da

Und doch war's kein Ende
weil Gott sich stets treu
gab er diesem Toten
Lebensgeist neu

Und hob Ihn zum Himmel
Er krönte ihn dort
herrscht nun mit Krone
an jedem Ort

Herbert Jung

Hymnus

Lichtverhüllte
geheimnisvolle
Lebensdichterin
Seiende
Vergangenheit
Gegenwart
und Zukunft
in einer Wesenheit und Stärke
Dreifaltige schutzbietende
Schöpfungsmacht
Schönste Königkönigin
Anmutige
zornige Gerechte
du Gnadenvolle
Gnadengebende
Gutwollende

Unbegreifliche
alles belebende
beliebende
durchatmende
Treusorgende
Tiefgründige
dich in alles verströmende
Wahrhaftig
Du

Ute Elisabeth Mordhorst

III.

FESTE DES HERRN UND DER HEILIGEN

Verdammter Hahn

Verdammt
dieser Hahn
kräht lauthals
am Tag
sogar in der Nacht
raubt mir den Schlaf
stört meinen Traum

Kräht immerfort
bis ihm die Kehle
durchschnitten

Mundtot gemacht
thront er
vergoldet auf Türmen
weckt niemanden mehr
Stille statt Schrei

Wer wacht nun
und warnt?

Denn der Menschensohn
kommt zu einer Stunde
in der ihr es nicht erwartet
Herbert Jung

6. Dezember – Heiliger Nikolaus – nichtgebotener Gedenktag

Lk 10,1–9
Wenn ihr in eine Stadt kommt und man euch aufnimmt,
so esst, was man euch vorsetzt.
Heilt die Kranken, die dort sind, und sagt den Leuten:
Das Reich Gottes ist euch nahe.

Vorbild

Vorbild gewesen
als du noch gelebt
in Myra
der Herde
ein Hirte gewesen
Frohbotschaft
nicht nur verkündet
in Taten sie umgesetzt

Dem's Brot auf dem Tisch
schon lange gefehlt
Mehl ward nun gegeben

Dem frierend
die Nacht stets begegnet
Wolle ward nun gegeben

Dem Dunkel das Leben geworden
Schimmer von Hoffnung
ward nun gegeben

So war es gewesen
und heute
aus Nikolaus geworden
ein Mann
in rot und in weiß
mit Mütze statt Mitra
nicht Hilfe
nur Süßes
teilt er uns aus
und weiß
von dem Gestern
nichts mehr

Wie konnte
das werden
was du
nie geworden

Herbert Jung

8. Dezember – Hochfest der ohne Erbsünde empfangenen Jungfrau und Gottesmutter Maria

Lk 1,26–38
Sei gegrüßt, du Begnadete,
der Herr ist mit dir.

Auf Empfang

Und du
hast wirklich
»Ja« gesagt
einfach so
ohne Rücksicht
auf deine Eltern
– was werden die sagen –

Du hast
gar nicht
daran gedacht
was das für Konsequenzen
es haben kann
schwanger
schon vor der Ehe
und überhaupt
was wird er sagen
dein Bräutigam
dieser rechtschaffene
Handwerker aus Nazareth
um den dich
Sarah und Ruth schon beneidet

Wirst du Josef
das Kind unterschieben
wie wir so sagen
behaupten
es ist doch von dir
schau seine Augen
sind dir ganz ähnlich

Ich kann es
kaum fassen
bin – ehrlich gesagt –
auch enttäuscht
zumal dir
Gottes Gebote
doch stets
so wichtig gewesen

Nun kommt da
einer angeflogen
und du lässt dich darauf ein

Wie
du wolltest offen sein
für Gottes
neue Schöpfung
was soll denn
die Ausrede

Es ist keine?

Ich bin
überrascht
du glaubst
das wirklich

Herbert Jung

Ohne Sünde

Maria

Wohnung
genommen
im Schoß
ihrer Mutter
Blutfluss
von ihr
dann übernommen

Nicht mehr
verfärbt und befleckt
vom sündhaften Erbe
der Väter
wird somit zum Teppich
in rot
wie die Liebe
es braucht

Lädt ein den Messias
doch zu kommen
damit alles Dunkel
Farbe des Ursprungs
wieder erhellt

Herbert Jung

26. Dezember – Fest des heiligen Stephanus

Apg 6,8–10; 7,54–60
So steinigten sie Stephanus; er aber betete und rief:
Herr Jesus, nimm meinen Geist auf!

Mit Steinen beworfen

Bühne
wie immer

Ein Platz
vor der Stadt
Steine und Schaulust
genügend vorhanden

Einer fängt an
trifft noch daneben
doch dann
geht es schnell
kurz unterbrochen
vom Schrei
des Halbtoten
der irgendwas ruft
nicht deutlich
fürs Ohr

Verzeih denen
oder so ähnlich

Wird wirr sein
im Kopf
warum denn
verzeihen und wem
war doch okay
Steinschlag geschehen
wie das Gesetz
es befahl

Kein Grund da
für Fragen
weil's immer
so war

Herbert Jung

Aufeinandertreffen

Unübersehbar
in das kreidebleiche Gesicht geschrieben.
Unverkennbar
bis auf seine Grundmauern freigelegt,
ihr tiefer, scheinbar unüberwindlicher Hass.
Worauf nur gegründet?
Versteinerte
Fremde.
Hoch aufgerichtet und kalt.
Ich spüre ihren Abgrund
und sehe dahinter ...
den Streit, den sie suchen.
Schon bricht es aus ihnen heraus,
schon schleudern sie von oben herab
Sätze auf mich.
Sätze wie Steine.
Steinschlag Sätze.
Sie treffen mich und sie treffen mich nicht.
Sie treffen auf dich, wenn sie mich treffen.

Du beschirmst mich im Schutz
deines Angesichts
vor dem Toben der Menschen.
Wie unter einem Dach bewahrst du mich
vor dem Gezänk der Zungen. (Psalm 31)

Ute Elisabeth Mordhorst

Silvester / Neujahr

Jes 41,10
Fürchte dich nicht,
denn ich bin mit dir.

Und einer wacht und spendet Segen

»Fürchte dich nicht«. Angeblich kommt der Satz genau 365-mal in der Bibel vor. Wir sind am Ende eines Jahres angelangt und machen mit Gott den Schritt ins neue Jahr. Was immer wir uns vorgenommen haben, was immer schon in Planung ist oder was immer wir einfach auf uns zukommen lassen wollen. Immer wacht Gott über uns und spendet Segen. 365 Tage im Jahr.

Ute Elisabeth Mordhorst

Vor uns

Hinter uns
nicht nur die Tage
die Sonne
wärmend an uns verschwendet

Auch diese Nächte
da Schlaf
uns geraubt
Träume
von Hölle auf Erden
sogar

Vor uns
die Weite des Neuen
Sand ohne Spur
Zeit ohne Ziel

Lädst uns zum Laufen
in diese Weite, Herr
schon immer
den Menschen gewährt

Herbert Jung

2. Februar – Darstellung des Herrn – Fest

Lk 2,22–40
Meine Augen haben das Heil gesehen.

Gottmutter Treu

Gottmutter Treu
du grüne Lebenskraft
höchste Gestalterin
alles Durchfärbende
du roter Lebenssaft
färbst meine Wege grün
bis meine Wege sanft verwehn
ins Wolkenweiß und Wolkenleis
und mir der Himmel bleibt
in den du mich gebärst
aufs Neu
du große schöne
Kosmosleib

Ute Elisabeth Mordhorst

19. März – Heiliger Josef, Bräutigam der Gottesmutter Maria – Hochfest

Mt 1,16.18–21.24a
Josef tat, was der Engel des Herrn ihm befohlen hatte.

Unklarheiten

Wollt' ich
schon immer mal sagen
dir Josef
was hast du da
machen lassen mit dir

Deine Freundin Maria
unerwartet schwanger
nicht von dir
sondern von wem?

Willst dich
von ihr trennen
Grund genug gab es
doch ein Traum
er hält dich zurück
Träume
sind das nicht Schäume
wie's Sprichwort uns mahnt

Du hast dich
um ihn gekümmert
den sie geboren
als sei es
dein Eigener
nur wenige
ringen sich
zu so etwas durch

Und dann
wirst du einfach vergessen
sogar von der Bibel
wie war das für dich

Tausend Orte
wo Er verehrt wird
dein Sohn

Tausend Orte
wo SIE verehrt wird
deine Braut

Kaum eine Stelle
für dich –

Wer entzündet Kerzen
an deinem Bild
wer legt Blumen
dir zu Füßen

Und doch
hast du es verdient
weil auch du
mit getragen
den
der die Welt
immer noch trägt

Herbert Jung

25. März – Verkündigung des Herrn – Hochfest

Lk 1,26–38
Du hast bei Gott Gnade gefunden, Maria;
du wirst ein Kind empfangen, einen Sohn wirst du gebären.

Ja oder nein

Ja oder nein
Frage an dich Maria
und du sollst entscheiden
jetzt oder gleich

Der Engel
kann warten
und der ihn gesandt
er kann es erst recht

Zahllose Jahre
das Volk
schon geschrien
gefleht: Messias
komme doch bald

Doch nichts
war geschehen
als ob deine Ohren
ganz taub
du Höchster nichts hörst

Ja oder nein
nun steht die Frage
und diese Magd
es geschehe, sie sagt

Soviel Vertrauen
– gleich einem Sprung
in unendliche Tiefe –
ich hätte es gern

Ich weiß
du wirst mir jetzt sagen
probier es doch aus

Herbert Jung

24. Juni – Geburt des heiligen Johannes der Täufers – Hochfest

Lk 1,5–17
Er wird mit dem Geist und mit der Kraft des Elija dem Herrn vorangehen,
um das Herz der Väter wieder den Kindern zuzuwenden
und die Ungehorsamen zur Gerechtigkeit zu führen
und so das Volk für den Herrn bereit zu machen.

Vorläufer

Vorläufer
sind wir doch alle
zum Bleiben
niemals bestimmt

Werden
ward zugemutet
der Schöpfung
von dem
der's erstmals gesprochen
als Finsternis
hüllte das All

Vorläufer
ward er genannt
der einst den Weg
dem bereitet
der davon sprach
wie nah es schon sei
das Ende der Tage
da Mütter
mit Schmerz nur gebären
Arbeit als Last nur empfunden
und siehe
schon haben sich Häupter erhoben
gebeugt sie bisher
Tag für Tag waren

Vorläufer
nun sind wir
und hoffen
Er läuft uns nach
da vorgelaufen wir

Herbert Jung

Zuvor

Vorläufig
die Kindheit
irgendwann einfach vorbei

Vorläufig
das Wachsen
irgendwann einfach vorbei

Vorläufig
das Verliebtsein
irgendwann einfach vorbei

Vorläufig
der Friede
irgendwann einfach vorbei

Vorläufig
das Leben
irgendwann einfach vorbei

Vorläufig
der Täufer Johannes
irgendwann einfach vorbei

Vorläufig
das Warten
irgendwann einfach vorbei

Wann
ist es endläufig

Siehe ich komme bald

Herbert Jung

29. Juni – Heiliger Petrus und heiliger Paulus – Hochfest

Gal 1,11–20
Als aber Gott, der mich schon im Mutterleib auserwählt
und durch seine Gnade berufen hat,
mir in seiner Güte seinen Sohn offenbarte,
damit ich ihn unter den Heiden verkündige, ...
Joh 21,1.15–19
Petrus gab ihm zur Antwort:
Herr, du weißt alles; du weißt, dass ich dich lieb habe.
Jesus sagte zu ihm: Weide meine Schafe!

Feuer und Wasser

Feuer und Wasser
trachtet einer
dem anderen
nach seinem Leben
sind Feind
für einander
Versöhnung
ihnen ganz fremd

Tag und Nacht
stiehlt einer
dem anderen
das Sein
ziehen einander
nicht an
wie man's
von Gegensätzen
wohl weiß

Peter und Paul
wie Feuer und Wasser
Männer
wie Nacht und der Tag
streitbar und widerständig
selbst ihre Gräber
weit voneinander

Und doch
braucht es
sie beide
meinte die Kirche
und feiert sie
zusammen am selben Tag
weil auch die Botschaft
für die sie gestorben
die Vielfalt
die Einfalt
nicht kennt

Herbert Jung

Zwei Säulen

Was braucht's
damit eine Kirche
die Zeit überdauert
noch morgen
ein Lob
dort von Menschen erklingt

Boden
der trägt –
Steine
im Feuer gebrannt
auch aus Lava geboren –
und Säulen
hart wie Granit
die's Dach dann
gern tragen
und's Auge nach oben erheben

Hat Er
nicht genommen
vielmehr
auf Menschen gebaut
zwei an der Zahl
Petrus und Paulus
Säulen genannt
aber zerbrechlich
untreu und schwankend
wie's Schilfrohr im Wind
erst ganz am Ende
werden sie stark
reiften
dem Tod
gern entgegen
und so
ward's ein Anfang
von dem
was Kirche
heute noch heißt

Herbert Jung

6. August – Verklärung des Herrn – Fest

Mt 17,1–9
Sein Gesicht leuchtete wie die Sonne.

Hoffnung

Jesus meine Hoffnung
Du von allen Seiten
bedrohtes

Wort

Du stirbst nicht
Bis zuletzt nicht
Du lebst
Du bist das lebendige
Hoffnungszeichen

Ute Elisabeth Mordhorst

Lichtquelle

Umgeben
von hauchgrünem Sinn
strahlst du
lebendiges Licht
unendlich und weit
erhellst unser Leben
wenn du dich brichst
am ewigen Spiegel
der Zeit

Ute Elisabeth Mordhorst

Sonnenlichte

Spinn deine feinen
Flügel
Aus weißem Licht
Und weh zu mir herüber
Nur einen Augenblick
Von deiner Seele
Und einen Seelenhauch
Von tiefer Stille

Ute Elisabeth Mordhorst

Sprung ins kalte Wasser

Lichter
spiegeln sich im Wasser
Goldene Fäden
verknüpfen sich
zu einem Netz
Ich stehe auf der Brücke
dem großen Übergang
im Hier und Jetzt
Weiß deinen Kreis in mir
und um mein Leben
den weißen Rettungsring
Ich frage und mein Blick fällt in die
Tiefe
auf deine Antwort
Spring!

Ute Elisabeth Mordhorst

9. September – Heilige Sr. Teresia Benedicta a Cruce (Edith Stein) – Fest

Joh 4,19–24
Die wahren Beter werden ihn im Geist und in der Wahrheit anbeten.

Im Weg

Im Weg
dieser Abel
Kind aus Adams Geschlecht

Im Weg
dieser Mann
Sohn aus davidischem Haus

Im Weg
diese Frau
Tochter aus jüdischem Volk

Im Weg
dieser Jeder
Mensch aus fremder Welt

Herbert Jung

Wie's Vieh

Abgestochen
wie Vieh
weggeworfen
zum Müll

Juden!
Was sonst!

In Duschen
gedrängt und vergast
Masse –
nicht Klasse

Juden!
Was sonst!

Kein Sarg mehr
zu finden
in Auschwitz –
daheim –

Erde
weiß noch darum
stumm
verklagt uns der Stein

Schamlos
die Deutung
EIN OPFER
DAS GOTT
WOHL GEFIEL

Herbert Jung

Un-erhört

Un-erhört
das Heil sie gerufen
den Heiland mit Hitler verwechselt

Un-erhört
dass viele lauthals gewarnt
als ob nie ein Hahn gekräht
in der Nacht

Un-erhört
dass Beten vergebens
der Retter die Rettung verweigert

Herbert Jung

15. August – Mariä Aufnahme in den Himmel – Hochfest

Lk 1,39–56
Der Mächtige hat Großes an mir getan: er erhöht die Niedrigen.

Sein oder Schein

Was ziehe ich an
fragt sich die Frau
wenn zum Fest
sie geladen –
braucht's eine Kette,
den Armreif,
den goldenen Ring

Was ziehe ich an
wenn am Ende der Tage
wir sind geladen
zu festlicher Tafel
heut schon gedeckt
in seinem Himmel
und Platz dort
für viele

Dies fragt sich
dann jeder
die Frau und der Mann
das Kind und der Greis

Verblüffend die Antwort
nichts braucht es
von all dem Gewohnten
das irdisch genannt
den Leib nur ganz ungeschminkt
und die Seele dazu
das wird genügen

Weil »Sein« jetzt das Thema
und nicht mehr der »Schein«
weil »echt sein« und »ehrlich«
im Himmel der Wert
Lüge und Trug
ihm ganz fremd

Maria
durft's schon erleben
und wir ...
Tag – nicht versprochen
nur »dass«

Herbert Jung

In den Himmel gehoben

Manch eine
wird in den Himmel gehoben
Athletin, die's Ziel übersprungen
freier Fall!! –
seit Doping erwiesen

Manch einer
wird in den Himmel gehoben
Manager, der seine Firma vorwärtsgebracht
freier Fall!! –
seit er Millionen Steuern hinterzogen

Manch eine
wird in den Himmel gehoben
Sängerin, die unerwartet in den Charts
freier Fall!! –
seit sie mit Drogen gedealt

Manch einer
wird in den Himmel gehoben
Politiker, der sich voll einsetzt für seine Wähler
freier Fall!! –
seit Kinderpornos auf seinem PC

Manch eine
wird in den Himmel gehoben
Ärztin, die ihre Patienten hervorragend heilt
freier Fall!! –
seit die Abrechnungen gefälscht

Manch eine
wird in den Himmel gehoben
Maria, die »Ja« sagt zu nicht
ehelichem Kind
freier Fall!! –
ganz ausgeschlossen!
für immer dort oben
der Mond ihr zu Füßen
ihr Haupt von den Sternen
umgrenzt
und darum das Fest

Herbert Jung

Schon wieder

Schon wieder
ein leeres Grab
standen erst kürzlich
vor einem
das keinen Leichnam
mehr barg

Doch diesmal
kein Engel
der Antwort
auf unser Fragen
schon weiß

Stattdessen
nur Blüten – sie duften
nach Flieder
nach Rosen
nicht nur
nein –
vor allem nach Himmel

Vielleicht
war's wieder
ein Engel
der sie von dort oben
statt eines Wortes
ins Grab uns gebracht
da ihm die Sprache verschlagen
wie uns

Basilikum
Kraut für den König
Aloe, Minze, Lavendel
und anderes Kraut
sie waren noch dabei
Zeichen
– so denke ich mir –
dass Zeiten des Heiles
längst angebrochen
denn Kräuter
sie wollen heilen
Wunden an Leibern und Seelen
und sagen uns schon
es geht wohl vorbei
das Elend der Welt
Maria nicht nur
auch ihr werdet
in den Himmel gehoben

Versprochen es war
und Er
hält sich daran
Jahwe, der Gott für den Menschen

Herbert Jung

14. September – Kreuzerhöhung – Fest

Joh 3,13–17
Der Menschensohn muss erhöht werden,
damit jeder, der an ihn glaubt, in ihm das ewige Leben hat.

Erhoben

Muss das
denn sein
das Kreuz
noch erhöhen
so dass niemand
es übersieht

Wer hängt schon den Galgen
als Schmuck
an seine Wand
oder trägt ihn
am Hals
stört gar gewaltig
nicht nur den einen
den anderen
nein, viele
die's gar nicht ertragen
dass Folter und Mord
mir somit begegnen
ja, jedem
der sie anschaut
Balken gekreuzt
weil sie
das Leben durchkreuzen

Muss das denn sein
muss wohl so sein
so lange
wie Menschen
Menschen noch quälen
damit's nicht vergessen
dass Menschen
noch immer
zu Unmenschen werden
sie quälen
bespucken
mit Steinen bewerfen
zuweilen gar töten
wie damals
bei dem
der's gut nur gemeint
so lange
muss man's erhöhen
das Kreuz
Warnung
noch immer
lebt Unmensch
in mir und in dir

Herbert Jung

15. September – Gedächtnis der Schmerzen Mariens – Gedenktag

Joh 19,25–27
Es standen bei dem Kreuz Jesu seine Mutter
und die Schwester seiner Mutter, Maria, die Frau des Klopas,
und Maria von Magdala.

Pieta

Sag
wie viel Tränen
flossen herab
als Platz
in der Herberge
nicht war –
dein Bauch
schon voller Leben

Sag
wie viel Tränen
flossen herab
als Kind
bei den Verwandten
nicht war –
Unruh'
den Schlaf dir geraubt

Sag
wie viel Tränen
flossen herab
als Rettung
vorm Tod
am Kreuze
nicht war –
keiner zurückhielt
die Hand seiner Mörder

Sag
wie viel Tränen
flossen herab
als morgens
sein Grab
verschlossen
nicht war –
lebend
erschien er
am See

Herbert Jung

17. September – Hildegard von Bingen – nicht gebotener Gedenktag

Mt 25,1–13
Der Bräutigam kommt! Geht ihm entgegen!

Frau in der Kirche

Frau in der Kirche
doch' was zu sagen
– großlaut
nicht kleinlaut –

Was sie geschaut –
vom Himmel geschenkt
der Erde zu geben

Dass Leben
zu schützen
nicht nur die Seele
sterblichem Leib
gleiche Würde gezollt –

Denn beide geschaffen
mit Händen des Schöpfers
nach seinem Bild

Und Wege durchs Leben
sie sind zu finden
sie führen hin
zu dem Ziel

Eins sein
mit Ihm
wie Weinstock
und Rebe

Herbert Jung

Grünkraft

Du trägst Felder und Wälder
wohin du dich gibst
Die Erde hebt
Früchte aus dir
Grün ist das Wieder deiner Zeit
Grün ist dein Kleid
Dein Auge schaut
unaufhörlich das All
Du singst die Meere
Du tanzt die Lüfte
Die Seen ruhst du
Du behauptest die Berge

Was du beatmest
das lebt

Ute Elisabeth Mordhorst

2. Oktober – Heilige Schutzengel – Gedenktag

Mt 18,1–5.10
Und wer ein solches Kind um meinetwillen aufnimmt, der nimmt mich auf. Hütet euch davor, einen von diesen Kleinen zu verachten! Denn ich sage euch: Ihre Engel im Himmel sehen stets das Angesicht meines himmlischen Vaters.

Im Nebel

Im Nebel
zu wandern
braucht
einen Engel
der weiß
wo Dornen
den Fuß
mir verletzen
wo Abgrund
den Tod
mir beschert

Einst ward er
Tobia
zur Seite
gern gestellt

Antlitz des Menschen
er trug
und Haar
wie ein Mann

Der
neben mir
wandert und
Rat stets gewährt
ein Mensch nun
oder ein Engel
in unserer Gestalt

Frage
braucht's nicht
da Antwort
nichts ändert
an dem
was uns hilft

Herbert Jung

Mit Flügeln

Über'm Bett
der Kindertage
hing sein Bild

Geflügelt
lächelt er entgegen
ist Schutz mir
und ein Schild

Nun
da Jahre
mich geprägt
schon Falten
in die Haut gesät
nahm mir
der Zweifel ihn
vor dem als Kind
ich konnte knien

Vielleicht
kommt er
am Ende meiner Tage
mir wieder
neu entgegen

Einen Weg zu weisen
dorthin
wo ich mit ihm
den Herrn der Herrlichkeit
will preisen

Herbert Jung

Engel geheißen

Läden
randvoll gefüllt
mit ihnen

In Klein und in Groß
aus Gips und aus Glas
aus Holz und aus Harz
Engel genannt –
Künstler sie
Putten geheißen

Geschmückt mit Flügeln
mit Gold überzogen
ihr Lächeln
wärmt unsere Seele
Befriedet die Unruh
die uns befallen

Brauchen wir sie?

Bestimmt sagen viele
sind Boten von Gott
fern Er von uns
durch sie
uns ganz nah

Schützen
auf ihre Art
uns schutzlos
zerbrechliche Wesen
sind uns zur Seite
wie Menschen

Auch sie
ein Engel zuweilen
weil da
wenn sie gebraucht

Herbert Jung

1. Sonntag im Oktober – Erntedank – Fest

Mt 6,25.32
Sorgt euch nicht um euer Leben und darum, dass ihr etwas zu essen habt,
noch um euren Leib und darum, dass ihr etwas anzuziehen habt. ...
Euer himmlischer Vater weiß, dass ihr das alles braucht.

Erntedank

Welken
will werden
weichen der Sommer
dem Herbst

Farben
statt einerlei Grün
den Abschied
verschönern

Weisen
auf goldene Zeiten
sie kommen
wenn's Licht
unsrer Sonne
erlischt

Früchte der Erde
sind uns geschenkt
Hände der Menschen
die ernten
nicht jedoch bilden

Dankbar
davon wir leben
ja alles
was du geschaffen
braucht eines
das andere

Vergehen und Werden
seit Anfang gewesen
die Sonne nichts anderes kennt

Bis sie geworden
Himmel und Erde
wie du es gedacht
neu und ganz schön

Herbert Jung

... und Segen komm herab

Der Segen Gottes
komm' herab
auf euch
wie Tau
der uns're Früchte tränkt
der Ähre Wachstum gibt
und jeder Blume ihren Glanz

Er
nähre eure Seele
– auch sie
kennt Hunger
nach so vielem –
und lasse
satt sie werden
durch dein Wort

Er
schenke Einsicht euch
dass dieses Sterben
jetzt im Herbst
ein »Werden« ist
auch wenn das Auge
anderes nun sieht.

Und wenn
der Sonne Strahl
nun seltener
uns wärmt
ist dies kein Zeichen
dass Gott der Welt
die Liebe jetzt entzieht.

So sei's
weil Er es will
der Vater und
der Sohn und
der Heilige Geist.

Herbert Jung

1. November – Allerheiligen – Hochfest

Mt 5,1–12a
Freut euch und jubelt: Euer Lohn im Himmel wird groß sein.

Nicht auf der Liste

Bin
nicht zu finden
auf jener Liste
derer, die heute geehrt

Kenne
die vielen
höchstens mit Namen
weiß nicht
warum
sie Medaillen
verdient

Weiß nur
muss weiter
Ziel
längst nicht erreicht
Weg
bis dorthin
steinig, auch steil
und dann
dieser Tod

nein
wieder Geburt
das sagten sie
die »drüben«
schon leben
und darum
lauf' ich
dahin

Herbert Jung

Komisch

Komisch
dass komisch
wir nennen
die heilig uns sind –

sind Engel
in Menschengestalt
das sagen
die einen

sind Träumer
dem Leben sehr fremd
das sagen
die andern

sind Menschen
ganz einfach

mit Licht
mit Schatten sogar
hatten Mut
menschlich zu sein
wo Unmensch
es anders gewollt

das sagen
sie selbst

Herbert Jung

Reisebestimmungen

So wie wir
auf schwere Mäntel
und Koffer verzichten,
wenn wir in die Sonne fahren,
werden wir einst
unseren Leib und alle Verkleidung
zurücklassen,
wenn wir ins Licht gehen.

Vor-geschrieben ist:
die Lichtschranke
wird uns das Körperliche
nicht durchgehen lassen.

Unfassbarer Gedanke.
Auf der anderen Seite ... wird das Mindeste,
das wir mit hinübernehmen dürfen,
nicht auch das Wesentliche von uns sein?

Ute Elisabeth Mordhorst

2. November – Allerseelen – Gedenktag

2 Makk 12,43–45
Hätte er nicht erwartet, dass die Gefallenen auferstehen werden,
wäre es nämlich überflüssig und sinnlos gewesen, für die Toten zu beten.

Todsicher

Das neue Auto
war Thema
und wie viel Sprit
es noch braucht
vom Tod – wovon?
War nie die Rede unter Kollegen

Ein neues Haus
war Thema
und ob Erdwärme
wirklich was bringt
vom Tod – wovon?
War nie die Rede unter verliebten Paaren

Die schmale Rente
war Thema
und wo das Essen
besser schmeckt
vom Tod – wovon?
War nie die Rede unter Senioren

Tod
todsicher
kein Thema
weil's niemanden trifft
oder doch?

Herbert Jung

Joh 11,17–27
Ich bin die Auferstehung und das Leben.
Wer an mich glaubt, wird leben, auch wenn er stirbt.

Hof des Friedens

Leise tret' ich ein
in diesen Hof
des Friedens –
will niemanden stören
der hier ewig ruht

Bleib steh'n
leg Blumen nieder
was sonst
soll ich ihm schenken
dem Mensch
der's Brot
nun nicht mehr braucht
am Wein
die Zunge nicht mehr labt

Ob er
die Tage zählt
bis endlich
dieser Schlaf beendet
Gebein, das tot
mit neuem Fleisch
sich kleidet

Wer weiß zudem
ob's je geschehen wird

Dies frag ich auch
weil's mich
ja selber trifft
am Tag
der sicher kommt
von Stund' zu Stund'
mir näher

Die Ruhe hier
sie lähmt
mir meine Zweifel

Herbert Jung

Seelenfrieden

Dann bist du da

Dann bist du endlich da
Du leisester Moment
In meiner Seele
Dann bist du endlich da
Rettendes Wort
Du stehst vor mir
Und nimmst mich liebevoll
In deinen Arm
Du hältst mich sicher, ruhig und warm
Und schaust mich schweigend an
Dann bist du endlich da
Du guter heiler Ort
An dem ich nun genesen kann

Ute Elisabeth Mordhorst

11. November – St. Martin – Gedenktag

Mt 25,31–40
Was ihr für einen meiner geringsten Brüder getan habt,
das habt ihr mir getan.

Martinszug

Kinderreihen
Kleine Monde, Sonne
Sterne
Hand in Hand
zaubern Licht
in Dunkelland.

Ute Elisabeth Mordhorst

Verzeichnis der Bibelstellen